LA FUEN _

IBEROAMERICAN JOURNAL FOR CHRISTIAN WORLDVIEW

VOL. 4 | NO. 1, 2024

REFORMATION & CULTURE

LA FUENTE

IBEROAMERICAN JOURNAL FOR CHRISTIAN WORLDVIEW

VOL. 4 | NO. 1, 2024

REFORMA Y CULTURA

cántaro
publications

cantaroinstitute.org

Published by Cántaro Publications, a publishing imprint of the Cántaro Institute, Jordan Station, ON.

Journal design by Steven R. Martins

Translation and Editing by Steven R. Martins and
Juan Esteban Clavijo

Library & Archives Canada
ISBN 978-1-990771-80-4

Printed in the United States of America

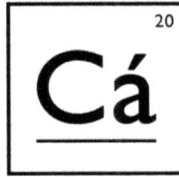

ABOUT THE CÁNTARO INSTITUTE

Inheriting, Informing, Inspiring

The Cántaro Institute is a reformed evangelical organization committed to the advancement of the Christian worldview for the reformation and renewal of the church and culture.

We believe that as the Christian church returns to the fount of Scripture as her ultimate authority for all knowing and living, and wisely applies God's truth to every aspect of life, her missiological activity will result in not only the renewal of the human person but also the reformation of culture, an inevitable result when the true scope and nature of the gospel is made known and applied.

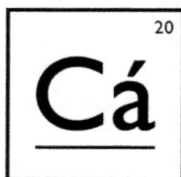

Editorial

by Cántaro Institute

NOW ENTERING ITS fourth year, *La Fuente* has become a well-read resource in both English and Spanish thanks to the various contributors and ministry partners of the Cántaro Institute. This year's edition, *Reformation and Culture*—which has been published in anticipation of our annual Niagara Conference on November 2, 2024, "Post Tenebras Lux: Light after Darkness"—visits the protestant heritage of the reformed church with a biographic survey of the Spanish Reformer, Cipriano de Valera, by Institute founder Steven R. Martins, followed by the ensuing cultural implications of the reformation for today with Dr. P. Andrew Sandlin's article "Why Christian Culture?" How can a *Christian* culture not emerge when the truth of God's Word has been restored to its rightful authoritative place in the life of man? As the reader will note, if the heart is divided, if it perceives faith and culture as two separate things, as having nothing to do with each other, then a non-Christian culture erected by Christians themselves is inevitable, but when we take the biblical principles of the protestant reformation all the way to their logical end, a *Christian* culture is the result. Such was the hope of Valera for Spain, though the reformation never took root in Spanish lands, but such can be the hope for us today.

Continuing along that same vein of reformation and culture, and not restricting ourselves to the discipline of theology (as those who have been scholastically inclined have done), we have included a new modernized translation of D. H. Th. Vollenhoven's historic 1950 address "Faith: Its Nature, Structure, and its Significance for Science", and a brief but pungent case for Canadian Christian Nationalism written by Dr. Michael Wagner, which comes just a few months after Doug Wilson's publicized interview with Tucker Carlson on "Christian Nationalism". Our faith is more than our Sunday-morning worship services, our faith, as Christians, if pure and undefiled, extends and manifests in every aspect of life.

All things considered, it can well be said that the reformation was God's gift to man, for from that reformation movement the biblical gospel was recovered, the truth of inspired Scripture was rescued from the ivory elitist towers of Romanism, and the church, both collectively as an institution and as a community of believers, was given the revelatory light again to be reformed to the Scriptures and to live rightly before God, and *for* God, in all aspects of life.

Editorial

por el *Cántaro Institute*

AHORA EN SU cuarto año, *La Fuente* se ha consolidado como un recurso ampliamente consultado tanto en inglés como en español, gracias a los diversos colaboradores y socios ministeriales del Cántaro Institute. La edición de este año, titulada *Reforma y Cultura*—publicada en anticipación a nuestra conferencia anual de Niagara el 2 de noviembre de 2024, "Post Tenebras Lux: Luz después de la Oscuridad"—explora la herencia protestante de la iglesia reformada a través de un estudio biográfico del reformador español Cipriano de Valera, realizado por el fundador del Instituto, Steven R. Martins. Este estudio es seguido por un análisis de las implicaciones culturales contemporáneas de la reforma, con el artículo "¿Por qué una Cultura Cristiana?" del Dr. P. Andrew Sandlin. ¿Cómo puede una cultura *cristiana* no surgir cuando la verdad de la Palabra de Dios ha sido restablecida a su legítimo lugar de autoridad en la vida del hombre? Como el lector observará, si el corazón está dividido, si percibe la fe y la cultura como dos entidades separadas y sin relación, es inevitable que los propios cristianos erijan una cultura no cristiana. Sin embargo, al aplicar de manera exhaustiva los principios bíblicos de la reforma protestante, el resultado es una cultura *cristiana*. Aunque la reforma nunca arraigó en las tierras españolas, esta fue la esperanza de Valera para España, y puede ser nuestra esperanza hoy.

Continuando en esta misma línea de reforma y cultura, y sin limitarnos a la disciplina de la teología (como han hecho aquellos con inclinaciones escolásticas), hemos incluido una nueva traducción modernizada del histórico discurso de 1950 de D. H. Th. Vollenhoven, "La Fe: Su Naturaleza, Estructura y Significado para la Ciencia", y un argumento conciso pero contundente a favor del Nacionalismo Cristiano Canadiense, redactado por el Dr. Michael Wagner, que llega solo unos meses después de la entrevista altamente publicitada de Doug Wilson con Tucker Carlson sobre el "Nacionalismo Cristiano". Nuestra fe es más que nuestros servicios de adoración dominicales; como cristianos, si nuestra fe es pura e incontaminada, se extiende y manifiesta en cada aspecto de la vida.

En suma, puede afirmarse con razón que la reforma fue el regalo de Dios al hombre, pues a través de ese movimiento de reforma se recuperó el evangelio bíblico, la verdad de las Escrituras inspiradas fue rescatada de las torres elitistas de marfil del romanismo, y la iglesia, tanto colectivamente como institución y como comunidad de creyentes, fue iluminada nuevamente con la luz reveladora para reformarse según las Escrituras y vivir de manera correcta ante Dios, y para Dios, en todos los aspectos de la vida.

Cipriano de Valera:
Spanish Reformer
par excellence

by *Steven R. Martins*

SINCE THE 500th anniversary of the protestant reformation, there has been renewed interest in recovering and recounting the history and heritage of protestantism. One particular area that has been given some attention as of late—*long overdue attention*—has been the reformation in Spain, or to put it more accurately, the reformation that began in Spain but which was later expatriated due to the growing threat of Inquisitorial persecution. It pains me to say that, to this day, many of the works of the Spanish reformers remain untranslated. In some cases, they still remain in their sixteenth-century form of writing; in most cases, they have been translated to a nineteenth-century form of Spanish; and very few have been translated into modern English and Spanish. Out of much of the forgotten works by these forgotten Spanish reformers, those perhaps most unjustly forgotten, considering the magnitude of their significance, are that of Cipriano de Valera (c. 1532-1602), who was very much a giant in the land of the reformers.

A Forgotten Reformer

Valera was born in c. 1532 at Fregenal de la Sierra, Badajoz, and in adulthood spent approximately six years at the university of his hometown in Seville. He is recorded to have studied dialectics and philosophy, graduating with a bachelor's degree that would be recognized outside of Spain.[1] In his early twenties, he became a member of the Order of Observantine Hieronymites in the monastery of San Isidoro del Campo, which laid a few miles northwest of his hometown of Seville.[2] If the Inquisition had not had its way, one could argue that the reformation movement that was preparing to sweep through Spain would have had such a *profound* cultural impact given the primary base from which the movement would have sprung. Historian Lewis J. Hutton writes that, given the role of the Hieronymite Order in "giving expression to a distinctive Spanish spirituality", Spain could have well "achieved an industrial technology and a European type of capitalism", a thesis originally put forward by Américo Castro in his book *Aspectos del Vivir Hispánico*, an expansion of Marcel Bataillon's *Erasme et l'Espagne*.[3] This had something to do with "manual work" being seen and treated as a "renascence of the initial program of the Franciscans... a characteristic of those who first followed the Hieronymite expression of the religious life,"[4] and which summed up could be expressed, though in a raw and undeveloped form, as worshiping God in all aspects of life, and not solely perceived as within the confines of that which was supposedly "sacred" as per medieval scholastic thought. To put it differently, we might say that the Order of Observantine Hieronymites had the embers of what would later become the "protestant work ethic",[5] but in contrast to other places in Europe which saw this development and flourishment, such embers were snuffed out by the Inquisition.

The brothers of this particular monastery are said to have been deeply influenced by the protestant reformation in the 1550s, being exposed to the works from Germany (Martin Luther) and Geneva (John Calvin),[6] and it was not until 1557 that the Spanish religious authorities became aware of this growing protestant community and unleashed the Inquisition in swift and deadly response.[7] Many were apprehended and suffered terribly, dying at the hands of their Catholic persecutors, but some few managed to escape and to find safe harbours that provided a more congenial theological climate for protestant convictions. Valera was one of those who managed to escape.[8] It is thanks to the *Artes de la Inquisizion Española* (1567) that we have such information regarding how this transpired, from the infiltration of reformed ideas to the springing of the Inquisition, a work which was authored by Raimundo Gonzalez de Montes, some of which have claimed was the pseudonym for the reformers Casiodoro de Reina or Antonio del Coro.[9]

Valera is believed to have travelled to Geneva with a few of his Spanish protestant brothers,[10] and while his time with John Calvin (which is assumed given his later Spanish translation of *The Institutes of the Christian Religion*, which was Calvin's *magnum opus*) proved to be influential for his own theological development, leading him to become a doctrinal Calvinist, he did not remain in Geneva due to the tragic fate of Servetus, who was killed for his unitarian, heretical views. While Valera was Trinitarian in his doctrinal understanding of God, he was Spanish like Servetus, and given the suspicions that arose concerning Casiodoro de Reina's friendship with Servetus— Reina being a mentor of Valera since their time at the monastery in Seville— it became clear that Calvin did not "take kindly to Spaniards."[11] This led to Valera's departure from Geneva, and with the rise of Queen Elizabeth in England, he was amongst many Spanish refugees who made their way to protestant lands, arriving in London in 1558.[12] As Valera states in his introduction to the *Instituzion Relijiosa*:

> Thousands and thousands of poor strangers have taken themselves to England (I do not mention other Kingdoms and Republics) to save their consciences and their lives, where, under the protection and care, first of God and after of the most serene lady, Queen Elizabeth, they have been defended and cared for against the tyranny of the Antichrist and his sons the Inquisitors.[13]

While Reina would go on to plant and pastor a church in London, "under the aegis of the so-called *coetus*, or council, of the Strangers' Churches", Valera went instead to Cambridge, where his degree from Seville was recognized and where he was incorporated by the University on February 9, 1559.[14] On January 12 of the following year, "he was appointed to a fellowship of Magdalene College in that university, where his distinguished countryman, Francisco de Enzinas (Dryander), had also served"[15] prior to the Marian persecution.[16] We do not have presently available evidence to determine what exactly Valera taught while at Cambridge, but we can assume that given the English were seeking to fortify their protestant position, and given that there were quite a number of foreign protestants at Oxford and Cambridge in teaching positions, that Valera likely was a professor of theology.[17] What we do know for certain is that he remained in his post until 1567.[18] After this Valera moved to London, the city where Reina had been pastoring, and due to Reina's quick departure from England, orchestrated by the spies and agents of the Inquisition by means of a false scandal, it is believed that Valera took on the pastoral position of the Spanish church until its eventual dissolution, after which Valera then attended the Italian congregation.[19] Valera, by this time, was married and had several children.

It could well be said that Valera not only found a place to do ministry as a protestant, both for those within England and for those Spaniards exiled and held captive due to their protestant convictions, but also found a place to call home.

An Asset for Protestant England

In the Spanish Armada year, which was 1588, that time when the Spanish armada cataclysmically failed to invade England, Valera began to ramp up his written compositions of Spanish protestant literature in hopes of (1) fortifying the propaganda against Catholic Spain, and (2) edifying protestants within Spain who were in the clutches of the Inquisition as well as those who were exiled from their motherland.[20] We know this not only because of the historical and cultural context at the time, but because Valera also admitted that his literary attempts to make the Word of God available was an "effective weapon against Antichrist in Spain."[21] This, and the fact that we find another who also contributed to the Spanish literary production, his former companion Antonio del Corro, another Spanish reformer.[22] We can only imagine how gleeful the English were to have Valera in their ranks, as he would demonstrate to not only teach well, but to have the capacity of "writing religious polem-

ic", becoming a "very desirable asset to the English in this ideological contest" of protestant truth over Catholic error. Of out his many contributions, Valera's *Dos Tratados del Papa y de la Misa*, or *The Two Treatises on the Pope and Mass*, was one of the most formidable, which, according to Spanish reformation scholar Gordon A. Kinder, "has the distinction of being the first original edition of a Spanish work and only the second book in Spanish to be printed in England."[23] The general thrust of this work was to inform the reader Scriptural truth in such a way that it invalidated the claims of the papacy and therefore the papacy itself while at the same time exposing many elements of the Catholic mass as being syncretistic and pagan in nature, accomplishing its objective of demolishing both these mainstays of Roman Catholicism. As Kinder notes, "demolish either and the other will fall with it."[24]

The other most notable contribution is his *Tratado para confirmar en la fe Cristiana a los cautivos de Berberia*, which when translated can be rendered as *A Treatise to Confirm the Christian Faith of the Barbary Captives*. This work, which is the occasion of this extensive foreword, was printed by Peter Short in 1594 as a "106-page octavo book, to which was [originally] appended the first edition of *Enxambre de los falsos milagros.*"[25] For those unfamiliar with the term Barbary within this context, it is in reference to the Barbary pirates, or corsairs.[26] The Barbary were essentially Muslim pirates operating from the coast of North Africa. They peaked in their power during the seventeenth century and remained in activity well into the nineteenth century. While piracy can be generally reduced to rogue agents operating on the sea for their own monetary gain, the Barbary were of political importance ever since the sixteenth century given the accomplishments and directives of Barbarossa (Khayr al-Din) who united Algeria and Tunisia under the Ottoman sultanate and secured through the means of piracy a steady revenue.[27] Their primary objective was the capture of slaves for the Islamic slave trade, and these slaves often consisted of Christians and Jews, and in some cases, fellow Muslims as well.[28] Spain and Portugal knew the Barbary pirates, or corsairs, well because the Barbary notoriously raided coastal towns and villages, to such an extent that it became difficult to settle such coastal regions. Valera's treatise, thus understood within this historical context, can be understood as a letter to all those protestants who came to saving faith either before or during their captivity under the Ottomans. The treatise had been written from a burdened and pastoral heart to particularly "encourage captives of the Barbary pirates who were galley-slaves."[29] While an argument has been made within scholarship that what Valera meant by "Barbary" was actually Spain and its Inquisitorial agents, and the "captives" were those protestants in dungeons facing the charges of the Inquisition,[30] the clear reference to Moors in the body of the work makes it clear that Valera had in mind those poor captives at the hands of the Muslims.[31] The possibility certainly remains open for what scholarship currently suggests, but no argument can be set forth that it is either one or the other. Why not both if there remains such insistence? Valera was explicit enough in his writing to make clear his primary readership. And so well written was this treatise that centuries later, the Catholic historian Marcelino Menéndez y Pelayo, who had a consistent disdain for the Spanish protestants,[32] remarked that Valera's treatise was written with remarkable fervor and eloquence.[33]

Valera produced many other works, including *Aviso sobre los Jubileos*, or *Warning about Jubilees*, and the Spanish translation of Calvin's *Institutes of the Christian Religion*, but what he is most well known for is his editorial work on the revised Spanish translation of the Bible, which has been referred to as the *Biblia del Cántaro*.[34]

It is worth mentioning that though Valera remained in safe harbours while producing all of his work, he was nonetheless tried in absentia, and found guilty of heresy by the Inquisition. His effigy was later burned at the stake after its presentation in the *auto-da-fé* in Sevilla on April 26, 1562.[35] Not at all surprising, given that he was considered the chief Spanish heretic by the Spanish Inquisition.[36] Such a formidable foe was Valera, that all his literary contributions were like dynamic artillery fire. As Hutton writes, Valera was the protestant heretic, in the eyes of the Inquisition, *"par excellence."*[37] And what was it that made him such a threat to Catholic Spain? His reformation spirit. As Ivan Mesa writes:

> In his most anti-papal remarks, Valera accused the Roman Catholic Church of having abandoned the path of the apostles and the commandment of Christ, for not caring for the sheep, and for suppressing them in ignorance. These leaders claimed to be 'vicars of Christ' but in reality they were guilty of pulling people away from a true knowledge of and obedience to Christ. Valera sounded a clear warning against false teachers...[38]

In retrospect, as one considers the contributions of Valera,[39] although minor in comparison to the other reformers of his time, he is nevertheless a giant amongst the Spanish reformers, well trained in his theology, Calvinistic in doctrine,[40] well versed in the writings of the patristics and in the history of the church. Demonstrating such wide breadth of knowledge, including "the lives of the saints, medieval theologians, Roman Catholic writers, particularly Spanish and Italian" and acquainted with "classical pagan authors and Italian and Spanish secular poets... and a wide variety of Protestant works" and ancient Jewish documents—referencing, for example, Josephus' *Fall of Jerusalem* in his treatise to the Barbary captives—Valera is in every way a significant Spanish protestant scholar worthy of our consideration.[41] As Kinder writes:

> The great interest in Cipriano de Valera is that here was a Spaniard, born and brought up in Spain, who, so far as we know, had never traveled abroad, yet who nevertheless became a convinced and propagandizing Protestant, ready to leave home and endure permanent exile for the beliefs he held. He certainly tried to live by the quotation from I Esdras 4:38, "Vale y Valera la Verdad" (The truth abides and is strong for ever), which he used as a canting personal motto.[42]

Valera must be seen not only as a remarkable scholar, but also as a phenomenal apologist and evangelist. In truth, as one reads his many works and contributions to the expatriated Spanish reformation, we see in Valera, not only a strong reformational spirit, but also an evangelistic zeal and pastoral concern, evidenced by his expression of sorrow and heaviness of heart for those faithful who are afflicted and for those who are lost in their sin. No one does the kind of things that Valera did unless they have an unquestionable conviction and a "burning desire" as we see expressed in Valera's own writing:

> Open your eyes, O Spaniards, and forsaking those who deceive you, obey Christ and His Word which alone is firm and unchangeable for ever. Establish and found your faith on the true foundation of the Prophets and Apostles and sole Head of His Church.[43]

A Gift to the Present Church

It is in light of this historical context that the Cántaro Institute is most honoured to bring Valera's work into both modern English and Spanish, beginning with the Institute's 2024 publication of *A Treatise to Confirm the Christian Faith of the Barbary Captives*, which had never before been translated into the English language. Since our inception, part of the objective of the Institute has been to bring these forgotten works into the light, one after the other. As Mesa rightly

identifies:

> In recent years there has been a growing interest in Reformed theology in the English-speaking world. While grateful for this trend, there is need for this same renewal among Spanish-speakers. A study of the sixteenth-century Spanish Protestants, including Cipriano de Valera, is a great source of encouragement as well as a reminder that the preaching of the gospel and Reformed truths have not been unknown in the Spanish language.[44]

We could not have put it any better. There is a need, and the Cántaro Institute seeks to meet that need. And not only for the Spanish-speaking world, but for the entirety of the Anglosphere as well, which has had for far too long insufficient exposure to such Spanish protestant works, and which would benefit greatly from such reformational zeal and fervor. As we find evidenced in his *Treatise*, Valera had the audacity to believe, as we all should, that the gospel can transform the hearts of those whom we might perceive as our most bitter enemies. That should provoke us to equal or greater faith in what the gospel can accomplish by the power of the Spirit of God: Transformation of the human heart, and in time, the transformation of culture.

ENDNOTES

1. A. Gordon Kinder, "Religious Literature as an Offensive Weapon: Cipriano de Valera's Part in England's War with Spain", *The Sixteenth Century Journal: The Journal of Early Modern Studies*, Vol. 19, No. 2 (Summer, 1988), 223.

2. *Bibliotheca Wiffeniana, Spanish Reformers of Two Centuries from 1520: Their Lives and Writings, According to the late Benjamin B. Wiffen's Plan and with the Use of His Materials. Described by Edward Boehmer* (Strassburg, 1904), Vol. III, 149.; Kinder, "Religious Literature as an Offensive Weapon", 223.

3. Lewis J. Hutton, "The Spanish Heretic: Cipriano de Valera", *Church History*, Cambridge University Press, Vol. 27, No. 1 (March, 1958), 23.

4. Ibid., 24.

5. "The pioneering sociologist Max Weber was the first to draw attention to the Protestant work ethic. In his book *The Protestant Ethic and the Spirit of Capitalism*, published in 1904, [he] studied the phenomenal economic growth, social mobility, and cultural change that accompanied the Reformation. He went so far as to credit the Reformation for the rise of capitalism", in Gene Edward Veith, "The Protestant Work Ethic", *Ligonier Ministries.* Accessed January 15, 2024, https://www.ligonier.org/learn/articles/protestant-work-ethic.

6. Hutton, "The Spanish Heretic: Cipriano de Valera", 25.

7. Kinder, "Religious Literature as an Offensive Weapon: Cipriano de Valera's Part in England's War with Spain", 223.

8. Ibid., 223.

9. Hutton, 25.

10. Natalio Ohanna, "Heterodoxos en cautiverio: de Cipriano de Valera a los protestantes del norte de África", *Hispanic Review*, University of Pennsylvania Press, Vol. 80, No. 1, (Winter, 2012), 22.

11. Kinder, "Religious Literature as an Offensive Weapon: Cipriano de Valera's Part in England's War with Spain", 224.

12. Ibid.

13. Cipriano de Valera, "A Todos los Fieles de la Nazion Española", in Juan Calvino, *Instituzion Relijiosa (1536), traduzida al castellano por Cipriano de Valera en 1597.* Vol. XIV of *Reformistas Antiguos Españoles* edited by Luis Usoz y Rio (Madrid, 1858), 9.

14. Kinder, "Religious Literature as an Offensive Weapon: Cipriano de Valera's Part in England's War with Spain", 224.

15. Ibid.

16. During her five-year reign, Queen Mary of England (1516-1558) had over 300 religious dissenters burned at the stake in what are known as the Marian persecutions.

17. Ivan E. Mesa, "'Open Your Eyes, O Spaniards': Cipriano de Valera — A Forgotten Spanish Protestant of the 16th Century", *The Banner of Truth* (Feb. 2015), 25.

18. Kinder, "Religious Literature as an Offensive Weapon: Cipriano de Valera's

Part in England's War with Spain", 224.

19. Ibid., 225.; While Kinder believes that the Spanish church dissolved immediately after Reina's departure, it is difficult to assume this given that Valera was just as invested in this Spanish church as Reina. While not a member in residence of the church while in Cambridge, he nonetheless contributed to *The Spanish Confession of the Christian Faith* presented by Reina by editing the work prior to its submission to the consistories and its publication. See *The Spanish Confession of the Christian Faith* (Jordan Station, ON., Cántaro Publications, 2023). Perhaps the Spanish church eventually dissolved given the absence of its founding pastor; I believe it is premature to suggest that it dissolved immediately and did not at least dissolve gradually under the leadership of Valera who served as a minister of the Church of St. Mary Axe, which housed the Spanish congregation of protestant refugees. But Hutton claims otherwise, he claims that the Spanish church continued to meet under Valera's pastoral leadership, and we have no reason to conclude that the church dissolved while he remained in his post. See Hutton, "The Spanish Heretic", 27.

20. Kinder, "Religious Literature as an Offensive Weapon: Cipriano de Valera's Part in England's War with Spain", 223, 225.

21. Valera in the preface to *Catholico Reformado*, A4r: "Lo qual espero en mi Dios que con este y otros semejantes libros en que se trata la palabra de Dios, vendrá al-gún día en efecto. Porque los verdaderos soldados, las verdaderas lanças, espadas, arcabuzes, mosquetas y lombardas para hazer la guerra al Antechristo es la palabra de Dios: con esta palabra el Antechristo ha recibido mortales heridas: de las quales sin duda morira."

22. Kinder, "Religious Literature as an Offensive Weapon: Cipriano de Valera's Part in England's War with Spain", 225.

23. Ibid., 226.; Kinder also notes that the first Spanish book to be printed in England was Corro's *Reglas gramaticales para aprender la lengua española y francesa*, published in Oxford by Joseph Barnes, 1586.

24. Kinder, "Religious Literature as an Offensive Weapon: Cipriano de Valera's Part in England's War with Spain", 227.

25. Ibid., 230.

26. See Hugh Murray, *The Encyclopaedia of Geography: Comprising a Complete Description of the Earth, Physical, Statistical, Civil and Political* (Lea and Blanchard, 1841).

27. Ohanna, "Heterodoxos en cautiverio: de Cipriano de Valera a los protestantes del norte de África", 23.

28. Robert Davis, "British Slaves on the Barbary Coast", *BBC*. Accessed January 08, 2024, https://www.bbc.co.uk/history/british/empire_seapower/white_slaves_01.shtml/.

29. Kinder, "Religious Literature as an Offensive Weapon: Cipriano de Valera's Part in England's War with Spain", 230.

30. Ibid.

31. Ohanna, "Heterodoxos en cautiverio: de Cipriano de Valera a los protestantes del norte de África", 31.

32. Hutton, "The Spanish Heretic: Cipriano de Valera", 30.

33. Marcelino Menéndez y Pelayo, *Historia de los Heterodoxos*, 5:186-189.

34. Kinder, "Religious Literature as an Offensive Weapon: Cipriano de Valera's Part in England's War with Spain", 233.

35. Madrid, Archivo Histórico Nacional, Inq. leg. 20721, fol. 8v: "Fray Cipriano, frayle del dicho monasterio absente condenado, relaxado su estatua por herege lutherano."

36. Mesa, "'Open Your Eyes, O Spaniards': Cipriano de Valera — A Forgotten Spanish Protestant of the 16th Century", 26.

37. Hutton, "The Spanish Heretic: Cipriano de Valera", 24.

38. Mesa, "'Open Your Eyes, O Spaniards': Cipriano de Valera — A Forgotten Spanish Protestant of the 16th Century", 27.

39. Hutton, "The Spanish Heretic: Cipriano de Valera", 28.

40. See Thomas McCrie, *History of the Spanish Reformation: Progress & Suppression in the 16th Century* (Jordan Station, ON.: Cántaro Publications, 2023), 379.

41. Kinder, "Religious Literature as an Offensive Weapon: Cipriano de Valera's Part in England's War with Spain", 228, 235.; See G. A. Kinder, "Three Spanish Reformers," 385-390.; Ohanna, "Heterodoxos en cautiverio: de Cipriano de Valera a los protestantes del norte de África", 26.

42. Kinder, "Religious Literature as an Offensive Weapon: Cipriano de Valera's Part in England's War with Spain", 235.

43. Valera, "A Todos los Fieles de la Nazion Española", 12.

44. Mesa, "'Open Your Eyes, O Spaniards': Cipriano de Valera — A Forgotten Spanish Protestant of the 16th Century", 29.

Cipriano de Valera:
Reformador español
par excellence

por Steven R. Martins

DESDE EL QUINTO centenario de la reforma protestante, ha habido un renovado interés en recuperar y relatar la historia y el patrimonio de la reforma. Un área particular que ha recibido cierta atención últimamente – *atención largamente merecida* – ha sido la reforma en España, o para decirlo más precisamente, la reforma que comenzó en España pero que más tarde fue expatriada debido a la creciente amenaza de persecución inquisitorial. Me duele decir que hasta el día de hoy, muchas de las obras de los reformadores españoles permanecen sin traducir. En algunos casos, todavía se conservan en su forma de escritura del siglo XVI; en la mayoría de los casos, han sido traducidas a una forma de español del siglo XIX; y muy pocas han sido traducidas al inglés y español modernos. De muchas de las obras olvidadas de estos reformadores españoles olvidados, quizás las más injustamente olvidadas, considerando la magnitud de su significado, son las de Cipriano de Valera (c. 1532-1602), quien es verdaderamente un gigante en la tierra de los reformadores.

Un reformador olvidado

Valera nació alrededor del año 1532 y pasó aproximadamente seis años en la universidad de su ciudad natal en Sevilla. Se registra que estudió dialéctica y filosofía, graduándose con un título de bachiller que sería reconocido fuera de España.[1] A principios de sus veinte años, se convirtió en miembro de la Orden de los Jerónimos Observantes en el monasterio de San Isidoro del Campo, que se encontraba a pocas millas al noroeste de su ciudad natal, Sevilla.[2] Si la Inquisición no hubiera impuesto su voluntad, se podría argumentar que el movimiento de reforma que se preparaba para barrer a través de España habría tenido un impacto cultural profundo, dado la base principal desde la cual el movimiento habría surgido. El historiador Lewis J. Hutton escribe que, dado el papel de la Orden Jerónima en "dar expresión a una espiritualidad española distintiva", España podría haber "logrado una tecnología industrial y un tipo de capitalismo europeo", tesis originalmente propuesta por Américo Castro en su libro *Aspectos del Vivir Hispánico*, una expansión de *Erasmo y España* de Marcel Bataillon.[3] Esto tenía algo que ver con el "trabajo manual" siendo visto y tratado como un "renacimiento del programa inicial de los Franciscanos... una característica de aquellos que primero siguieron la expresión religiosa Jerónima,"[4] y que en resumen podría expresarse, aunque de forma cruda y no desarrollada, como adorar a Dios en todos los aspectos de la vida, y no solo percibido dentro de los confines de lo que supuestamente era "sagrado" según el pensamiento escolástico medieval. Dicho de otra manera, podríamos decir que la Orden de los Jerónimos Observantes tenía las brasas de lo que más tarde se convertiría en la "ética protestante del trabajo",[5] pero a diferencia de otros lugares en Europa que vieron este desarrollo y florecimiento, tales brasas fueron sofocadas por la Inquisición.

Se dice que los hermanos de este monasterio en particular fueron profundamente influenciados por la reforma protestante en la década de 1550, al estar expuestos a las obras provenientes de Alemania (Martín Lutero) y Ginebra (Juan Calvino),[6] y no fue hasta 1557 que las autoridades religiosas españolas se dieron cuenta de esta creciente comunidad protestante y desataron la Inquisición en una respuesta rápida y mortal.[7] Muchos fueron aprehendidos y sufrieron terriblemente, muriendo a manos de sus perseguidores católicos, pero algunos pocos lograron escapar y encontrar refugios seguros que proporcionaban un clima teológico más afín para las convicciones protestantes. Valera fue uno de los que lograron escapar.[8] Es gracias a las *Artes de la Inquisición Española* (1567) que tenemos tal información sobre cómo transcurrió esto, desde la infiltración de ideas reformadas hasta el surgimiento de la Inquisición, obra que fue autoría del pseudónimo Raimundo González de Montes, del cual algunos han afirmado que era el pseudónimo de Casiodoro de Reina o Antonio del Coro.[9]

Se cree que Valera viajó a Ginebra con algunos de sus hermanos protestantes españoles,[10] y aunque su tiempo con Juan Calvino (que se asume dado su posterior traducción al español de *Las Instituciones de la Religión Cristiana*, que fue la obra magna de Calvino) resultó ser influyente para su propio desarrollo teológico, llevándolo a convertirse en un calvinista doctrinal, no permaneció en Ginebra debido al trágico destino de Servet, quien fue asesinado por sus puntos de vista unitarios y heréticos. Aunque Valera era trinitario en su comprensión doctrinal de Dios, era español como Servet, y dado las sospechas que surgieron respecto a la amistad de Casiodoro de Reina con Servet – siendo Reina un mentor de Valera desde su tiempo en el monasterio en Sevilla – se hizo evidente que Calvino no "tenía simpatía por los españoles".[11] Esto llevó a la partida de Valera de Ginebra, y con el ascenso de la Reina Isabel en Inglaterra, estuvo entre muchos refugiados españoles que se dirigieron a tierras protestantes, llegando a Londres en 1558.[12] Como Valera afirma en su introducción a la *Institución Religiosa*:

> Miles y miles de pobres extranjeros se han refugiado en Inglaterra (sin mencionar otros reinos y repúblicas) para salvar sus conciencias y sus vidas, donde, bajo la protección y cuidado, primero de Dios y después de la serenísima señora, la Reina Isabel, han sido defendidos y cuidados contra la tiranía del Anticristo y sus hijos los Inquisidores.[13]

Mientras que Reina continuaría fundando y pastoreando una iglesia en Londres, "bajo el auspicio del llamado *coetus*, o consejo, de las Iglesias de los Extranjeros", Valera en cambio se dirigió a Cambridge, donde su grado de Sevilla fue reconocido y donde fue incorporado por la Universidad el 9 de febrero de 1559.[14] El 12 de enero del año siguiente, "fue nombrado para una beca del Magdalene College en esa universidad, donde su distinguido compatriota, Francisco de Enzinas (Dryander), también había servido"[15] antes de la persecución mariana.[16] Actualmente no disponemos de evidencia para determinar exactamente qué enseñaba Valera mientras estaba en Cambridge, pero podemos suponer que, dado que los ingleses buscaban fortalecer su posición protestante, y dado que había un buen número de protestantes extranjeros en Oxford y Cambridge ocupando puestos de enseñanza, es probable que Valera fuera profesor de teología.[17] Lo que sí sabemos con certeza es que permaneció en su puesto hasta 1567.[18] Después de esto, Valera se trasladó a Londres, la ciudad donde Reina había estado pastoreando, y debido a la rápida partida de Reina de Inglaterra, orquestada por los espías y agentes de la Inquisición mediante un falso escándalo, se cree que Valera asumió la posición pastoral de la iglesia española hasta su eventual disolución, tras lo cual Valera asistió a la congregación italiana.[19] Para entonces, Valera estaba casado y tenía varios hijos. Bien podría decirse que Valera no solo encontró un lugar para ejercer su ministerio como protestante, tanto para aquellos dentro de Inglaterra como para aquellos españoles exiliados y cautivos debido a sus convicciones protestantes, sino también un lugar que considerar su hogar.

Un Activo para la Inglaterra Protestante

En el año de la Armada Española, que fue 1588, en ese momento cuando la Armada Española fracasó catastróficamente en su intento de invadir Inglaterra, Valera comenzó a intensificar sus composiciones escritas de literatura protestante española con la esperanza de (1) fortalecer la propaganda contra la España católica, y (2) edificar a los protestantes dentro de España que estaban en las garras de la Inquisición, así como a aquellos que fueron exiliados de su patria.[20] Sabemos esto no solo por el contexto histórico y cultural de la época, sino porque Valera también admitió que sus intentos literarios de hacer disponible la Palabra de Dios eran un "arma efectiva contra el Anticristo en España".[21] Esto, y el hecho de que encontramos a otro que también contribuyó a la producción literaria española, su antiguo compañero Antonio del Corro, otro reformador español.[22] Solo podemos imaginar lo contentos que estaban los ingleses de tener a Valera en sus filas, ya que demostraría no solo enseñar bien, sino tener la capacidad de "escribir polémica religiosa", convirtiéndose en un "activo muy deseable para los ingleses en este concurso ideológico" de la verdad protestante sobre el error católico. De sus muchas contribuciones, *Dos Tratados del Papa y de la Misa* de Valera fue uno de los más formidables, que, según el erudito de la reforma española Gordon A. Kinder, "tiene la distinción de ser la primera edición original de una obra española y solo el segundo libro en español impreso en Inglaterra".[23] El empuje general de esta obra era informar al lector sobre la verdad bíblica de tal manera que invalidaba las afirmaciones del papado y, por lo tanto, al papado mismo, mientras que al mismo tiempo exponía muchos elementos de la misa católica como sincréticos y paganos en su naturaleza, logrando su objetivo de demoler ambos pilares del catolicismo romano. Como señala Kinder, "demoler cualquiera y el otro caerá con él".[24]

La otra contribución más notable es su *Tratado para confirmar en la fe Cristiana a los cautivos de Berbería*. Esta obra, que es la ocasión de este extenso prólogo, fue impresa por Peter Short en 1594 como un "libro octavo de 106 páginas, al que se le [originalmente] adjuntó la primera edición de *Enxambre de los falsos milagros*."[25] Para aquellos no familiarizados con el término Berbería en este contexto, se refiere a los piratas berberiscos, o corsarios.[26] Los berberiscos eran esencialmente piratas musulmanes que operaban desde la costa del norte de África. Alcanzaron su apogeo de poder en el siglo XVII y permanecieron activos hasta bien entrado el siglo XIX. Aunque la piratería generalmente puede reducirse a agentes rebeldes que operan en el mar para su propio beneficio económico, los berberiscos tuvieron importancia política desde el siglo XVI dado los logros y directrices de Barbarroja (Khayr al-Din), quien unió Argelia y Túnez bajo el sultanato otomano y aseguró a través de la piratería un ingreso constante.[27] Su objetivo principal era la captura de esclavos para el comercio islámico, y estos esclavos a menudo consistían en cristianos y judíos, y en algunos casos, también musulmanes.[28] España y Portugal conocían bien a los piratas berberiscos, o corsarios, porque notoriamente asaltaban pueblos y aldeas costeras, hasta tal punto que se hacía difícil asentar tales regiones costeras. El tratado de Valera, entendido así en este contexto histórico, puede interpretarse como una carta a todos aquellos protestantes que llegaron a la fe salvadora ya

sea antes o durante su cautiverio bajo los otomanos. El tratado había sido escrito desde un corazón cargado y pastoral para "alentar a los cautivos de los piratas berberiscos que eran esclavos de galera".[29] Aunque se ha argumentado en la academia que lo que Valera quiso decir con "Berbería" era en realidad España y sus agentes inquisitoriales, y los "cautivos" eran aquellos protestantes en mazmorras enfrentando los cargos de la Inquisición,[30] la clara referencia a los moros en el cuerpo de la obra deja claro que Valera tenía en mente a aquellos pobres cautivos en manos de los musulmanes.[31] La posibilidad ciertamente permanece abierta a lo que actualmente sugiere la academia, pero no se puede argumentar que sea uno u otro, ¿por qué no ambos si hay tal insistencia? Valera fue lo suficientemente explícito en su escritura para dejar claro quiénes eran sus principales lectores. Y tan bien escrito fue este tratado que siglos después, el historiador católico Marcelino Menéndez y Pelayo, quien tenía tal desdén por los protestantes españoles,[32] comentó que dicho tratado estaba escrito con tal fervor y elocuencia.[33]

Valera produjo muchas otras obras, incluyendo *Aviso sobre los Jubileos* y la traducción al español de las *Instituciones de la Religión Cristiana* de Calvino, pero por lo que es más conocido es por su trabajo editorial en la revisión de la traducción al español de la Biblia, a la que se ha referido como la *Biblia del Cántaro*.[34]

Es digno de mención que, aunque Valera permaneció en refugios seguros mientras producía todas sus obras, de todas formas fue juzgado en ausencia y encontrado culpable de herejía por la Inquisición, y su efigie, como resultado, fue quemada en la hoguera después de su presentación en el *auto-da-fé* en Sevilla el 26 de abril de 1562.[35] Nada sorprendente, especialmente teniendo en cuenta que era considerado el principal hereje español por la Inquisición española.[36] Valera era un enemigo tan formidable que todas sus contribuciones literarias eran como fuego de artillería dinámico. Como escribe Hutton, Valera era el hereje protestante, a los ojos de la Inquisición, *"par excellence"*.[37] ¿Y qué era lo que lo hacía una amenaza tan grande para la España católica? Su espíritu reformador, como escribe Ivan Mesa:

> En sus comentarios más anti-papales, Valera acusó a la Iglesia Católica Romana de haber abandonado el camino de los apóstoles y el mandamiento de Cristo, por no cuidar de las ovejas y por mantenerlas en la ignorancia. Estos líderes se proclamaban a sí mismos como 'vicarios de Cristo', pero en realidad eran culpables de alejar a las personas de un verdadero conoci-

miento y obediencia a Cristo. Valera lanzó una clara advertencia contra los falsos maestros...[38]

En retrospectiva, al considerar las contribuciones de Valera,[39] aunque menores en comparación con otros reformadores de su época, es no obstante un gigante entre los reformadores españoles, bien formado en su teología, calvinista en doctrina,[40] bien versado en los escritos de los padres de la iglesia y en la historia de la iglesia. Demostrando tal amplitud de conocimientos, incluyendo "las vidas de los santos, teólogos medievales, escritores católicos romanos, particularmente españoles e italianos" y familiarizado con "autores paganos clásicos y poetas seculares italianos y españoles... y una amplia variedad de obras protestantes" y documentos judíos antiguos – haciendo referencia, por ejemplo, a *La Caída de Jerusalén* de Josefo en su tratado a los cautivos de Berbería – Valera es en todos los sentidos un erudito protestante español significativo digno de nuestra consideración.[41] Como escribe Kinder:

> El gran interés en Cipriano de Valera radica en que aquí había un español, nacido y criado en España, que, por lo que sabemos, nunca había viajado al extranjero, pero que, sin embargo, se convirtió en un protestante convencido y propagandista, dispuesto

a dejar su hogar y soportar un exilio permanente por las creencias que sostenía. Sin duda trató de vivir según la cita de I Esdras 4:38, "Vale y Valera la Verdad" (La verdad permanece y es fuerte para siempre), que utilizó como un lema personal significativo.[42]

Pero Valera no debe ser visto solo como un erudito notable, sino también como un apologista y evangelista fenomenal. En verdad, al leer sus muchas obras y contribuciones a la reforma española expatriada, vemos en Valera, no solo un fuerte espíritu reformacional, sino también un celo evangelístico y una preocupación pastoral, evidenciada por su expresión de tristeza y pesadez de corazón por aquellos fieles que están afligidos y por aquellos que están perdidos en su pecado. Nadie hace el tipo de cosas que Valera hizo a menos que tenga una convicción incuestionable y un "deseo ardiente", como vemos expresado en la propia escritura de Valera:

> Abran los ojos, oh españoles, y abandonando a aquellos que los engañan, obedezcan a Cristo y a Su Palabra que sola es firme e inmutable para siempre. Establezcan y funden su fe sobre el verdadero fundamento de los Profetas y Apóstoles y único Cabeza de Su Iglesia.[43]

Un regalo para la iglesia actual

Es a la luz de este contexto histórico que el Instituto Cántaro se siente muy honrado de llevar el trabajo de Valera tanto al inglés moderno como al español, comenzando con la publicación del Instituto en 2024 de *Un Tratado para Confirmar la Fe Cristiana de los Cautivos de Berbería*, que nunca antes había sido traducido al inglés. Desde nuestra fundación, parte del objetivo del Instituto ha sido sacar a la luz estas obras olvidadas, una tras otra. Como bien señala Mesa:

> En los últimos años ha habido un creciente interés en la teología reformada en el mundo de habla inglesa. Si bien estamos agradecidos por esta tendencia, es necesario que este mismo renacimiento ocurra entre los hispanohablantes. Un estudio de los protestantes españoles del siglo XVI, incluyendo a Cipriano de Valera, es una gran fuente de aliento y un recordatorio de que la predicación del evangelio y las verdades reformadas no han sido desconocidas en el idioma español.[44]

No podríamos haberlo dicho mejor. Hay una necesidad, y el Instituto Cántaro busca satisfacer esa necesidad. Y no solo para el mundo de habla hispana, sino para toda la Anglosfera también, que durante demasiado tiempo ha tenido una exposición insuficiente a tales obras protestantes españolas, y que se beneficiaría enormemente de tal celo y fervor reformacional. Como se evidencia en su *Tratado*, Valera tuvo la audacia de creer, como todos deberíamos, que el evangelio puede transformar los corazones de aquellos que podríamos percibir como nuestros enemigos más amargos. Eso debería provocarnos a una fe igual o mayor en lo que el evangelio puede lograr por el poder del Espíritu de Dios: la transformación del corazón humano y, con el tiempo, la transformación de la cultura.

NOTAS FINALES

1. A. Gordon Kinder, "Religious Literature as an Offensive Weapon: Cipriano de Valera's Part in England's War with Spain", *The Sixteenth Century Journal: The Journal of Early Modern Studies,* Vol. 19, No. 2 (Summer, 1988), 223.

2. Bibliotheca Wiffeniana, *Spanish Reformers of Two Centuries from 1520: Their Lives and Writings, According to the late Benjamin B. Wiffen's Plan and with the Use of His Materials. Described by Edward Boehmer* (Strassburg, 1904), Vol. III, 149.; Kinder, "Religious Literature as an Offensive Weapon", 223.

3. Lewis J. Hutton, "The Spanish Heretic: Cipriano de Valera", *Church History,* Cambridge University Press, Vol. 27, No. 1 (March, 1958), 23.

4. Ibid., 24.

5. "El pionero sociólogo Max Weber fue el primero en llamar la atención sobre la ética protestante del trabajo. En su libro *La ética protestante y el espíritu del capitalismo*, publicado en 1904, Weber estudió el fenomenal crecimiento económico, la movilidad social y el cambio cultural que acompañaron a la Reforma. Llegó incluso a atribuir a la Reforma el mérito del surgimiento del capitalismo" en Gene Edward Veith, "The Protestant Work Ethic", *Ligonier Ministries*. Consultado 15 de Enero, 2024, https://www.ligonier.org/learn/articles/protestant-work-ethic.

6. Hutton, "The Spanish Heretic: Cipriano de Valera", 25.

7. Kinder, "Religious Literature as an Offensive Weapon: Cipriano de Valera's Part in England's War with Spain", 223.

8. Ibid., 223.

9. Hutton, 25.

10. Natalio Ohanna, "Heterodoxos en cautiverio: de Cipriano de Valera a los protestantes del norte de África", *Hispanic Review*, University of Pennsylvania Press, Vol. 80, No. 1, (Winter, 2012), 22.

11. Kinder, "Religious Literature as an Offensive Weapon: Cipriano de Valera's Part in England's War with Spain", 224.

12. Ibid.

13. Cipriano de Valera, "A Todos los Fieles de la Nazion Española", en Juan Calvino, *Instituzion Relijiosa* (1536), traduzida al castellano por Cipriano de Valera en 1597. Vol. XIV of *Reformistas Antiguos*

Españoles editado por Luis Usoz y Rio (Madrid, 1858), 9.

14. Kinder, "Religious Literature as an Offensive Weapon: Cipriano de Valera's Part in England's War with Spain", 224.

15. Ibid.

16. Durante su reinado de cinco años, la Reina María de Inglaterra (1516-1558) hizo quemar en la hoguera a más de 300 disidentes religiosos en lo que se conocen como las persecuciones marianas.

17. Ivan E. Mesa, "'Open Your Eyes, O Spaniards': Cipriano de Valera – A Forgotten Spanish Protestant of the 16th Century", *The Banner of Truth* (Feb. 2015), 25.

18. Kinder, "Religious Literature as an Offensive Weapon: Cipriano de Valera's Part in England's War with Spain", 224.

19. Ibid., 225.; Mientras que Kinder cree que la iglesia española se disolvió inmediatamente después de la partida de Reina, es difícil asumir esto dado que Valera estaba igualmente comprometido con esta iglesia española como lo estaba Reina. Aunque no era miembro residente de la iglesia mientras estaba en Cambridge, de todas formas contribuyó a *La Confesión Española de la Fe Cristiana* presentada por Reina editando la obra antes de su entrega a los consistorios y su publicación. Véase *La Confesión Española de la Fe Cristiana* (Jordan Station, ON.: Cántaro Publications, 2023). Quizás la iglesia española finalmente se disolvió dada la ausencia de su pastor fundador, pero creo que es prematuro sugerir que se disolvió inmediatamente y no al menos se disolvió gradualmente bajo el liderazgo de Valera, quien sirvió como ministro de la Iglesia de St. Mary Axe, que albergaba la congregación española de refugiados protestantes. Pero Hutton afirma lo contrario, él afirma que la iglesia española continuó reuniéndose bajo el liderazgo pastoral de Valera, y no tenemos razón para concluir que la iglesia se disolvió mientras él permaneció en su puesto. Véase Hutton, "The Spanish Heretic", 27.

20. Kinder, "Religious Literature as an Offensive Weapon: Cipriano de Valera's Part in England's War with Spain", 223, 225.

21. Valera en el prefacio al *Catholico Reformado*, A4r: "Lo qual espero en mi Dios que con este y otros semejantes libros en que se trata la palabra de Dios, vendrá algún día en efecto. Porque los verdaderos soldados, las verdaderas lanças, espadas, arcabuzes, mosquetas y lombardas para hazer la guerra al Antechristo es la palabra de Dios: con esta palabra el Antechristo ha recibido mortales heridas: de las quales sin duda morira."

22. Kinder, "Religious Literature as an Offensive Weapon: Cipriano de Valera's Part in England's War with Spain", 225.

23. Ibid., 226.; Kinder también señala que el primer libro en español impreso en Inglaterra fue el de Corro, *Reglas gramaticales para aprender la lengua española y francesa*, publicado en Oxford por Joseph Barnes, 1586.

24. Kinder, "Religious Literature as an Offensive Weapon: Cipriano de Valera's Part in England's War with Spain", 227.

25. Ibid., 230.

26. Véase Hugh Murray, *The Encyclopaedia of Geography: Comprising a Complete Description of the Earth, Physical, Statistical, Civil and Political* (Lea and Blanchard, 1841).

27. Ohanna, "Heterodoxos en cautiverio: de Cipriano de Valera a los protestantes del norte de África", 23.

28. Robert Davis, "British Slaves on the Barbary Coast", *BBC*. Accessed January 08, 2024, https://www.bbc.co.uk/history/british/empire_seapower/white_slaves_01.shtml/.

29. Kinder, "Religious Literature as an Offensive Weapon: Cipriano de Valera's Part in England's War with Spain", 230.

30. Ibid.

31. Ohanna, "Heterodoxos en cautiverio: de Cipriano de Valera a los protestantes del norte de África", 31.

32. Hutton, "The Spanish Heretic: Cipriano de Valera", 30.

33. Marcelino Menéndez y Pelayo, *Historia de los Heterodoxos*, 5:186-189.

34. Kinder, "Religious Literature as an Offensive Weapon: Cipriano de Valera's Part in England's War with Spain", 233.

35. Madrid, Archivo Histórico Nacional, Inq. leg. 20721, fol. 8v: "Fray Cipriano, frayle del dicho monasterio absente condenado, relaxado su estatua por herege lutherano."

36. Mesa, "'Open Your Eyes, O Spaniards': Cipriano de Valera – A Forgotten Spanish Protestant of the 16th Century", 26.

37. Hutton, "The Spanish Heretic: Cipriano de Valera", 24.

38. Mesa, "'Open Your Eyes, O Spaniards': Cipriano de Valera – A Forgotten Spanish Protestant of the 16th Century", 27.

39. Hutton, "The Spanish Heretic: Cipriano de Valera", 28.

40. Véase Thomas McCrie, *History of the Spanish Reformation: Progress & Suppression in the 16th Century* (Jordan Station, ON.: Cántaro Publications, 2023), 379.

41. Kinder, "Religious Literature as an Offensive Weapon: Cipriano de Valera's Part in England's War with Spain", 228, 235.; Véase G. A. Kinder, "Three Spanish Reformers," 385-390.; Ohanna, "Heterodoxos en cautiverio: de Cipriano de Valera a los protestantes del norte de África", 26.

42. Kinder, "Religious Literature as an Offensive Weapon: Cipriano de Valera's Part in England's War with Spain", 235.

43. Valera, "A Todos los Fieles de la Nazion Española", 12.

44. Mesa, "'Open Your Eyes, O Spaniards': Cipriano de Valera – A Forgotten Spanish Protestant of the 16th Century", 29.

Why Christian Culture?

by P. Andrew Sandlin

I WANT US TO rejoice today over recent political victories. But I also want us to step back and take a longer, broader, deeper view of our culture. Culture will have a much greater impact on our society than any recent political victories or losses. Canadian conservative Mark Steyn has written:

> Most of the big profound changes in western society — gay marriage, the rise of Islam, etc [*sic*] — bypassed the political process entirely, to the point where politicians are nervous of even raising the subject. If you let liberalism become the default societal setting on the 364 days of the year there's no election being held, what happens on election day is going to be pretty unimportant. So, if you're not playing on the big cultural battlefields, you're going to lose.[1]

He's right. The culture is "upstream" from politics.[2] Culture is the tail that wags the political dog. I'm asking us to think culturally today. By thinking culturally, I mean thinking about how we as humans created in God's image work at stewarding the world in which God has placed us (Gen. 1:26–28). Our mission as humans, as Scott Hafemann observes, is "to exercise dominion over God's creation by obeying God's commands."[3] Of course, both Christians and unbelievers engage in this stewardship activity — this *cultural* activity. This, in fact, is the great conflict in our world: two kinds of people with two very different spiritual natures and fundamentally conflicting convictions both shaping the world, intentionally or not. Each of us, believer and unbeliever, approaches cultural tasks — education, politics, science, the arts, architecture, music, technology, moviemaking, and all other cultural activity — in two distinctively different ways.[4]

The issue can't be reduced to how Christians think and act versus how non-Christians think and act. Why? Because many Christians don't think and act like Christians, and, to be honest, many non-Christians sometimes think and act like Christians.[5] The actual issue is this: what does culture look like when both Christians and non-Christians are true to their basic spiritual condition. I'd like to suggest that in recent decades, non-Christians have become more consistent with *their* basic spiritual condition than Christians have with theirs. It's not just that there are more unbelievers in our country. There are more unbelievers who are self-consciously thinking and acting like unbelievers. And when they self-consciously think and act like unbelievers, and when there are a lot of them, they tend to create a non-Christian culture.

I have just given you the prime reason why our present culture is so depraved. And it *is* depraved.

A Moral Taxonomy

Christians in the United States over 50 years old, or those younger than 50 but historically informed of our national culture over the last century, are likely astonished at our coun-try's moral transformation. Same-sex "marriage" is legal in many states and more all the time (and the Supreme Court appears ready to allow this unprecedented view of marriage to stand). Pornography is pervasive, not limited to seedy adult bookstores but about three finger taps away on your computer or smartphone. The CDC claims that in 2010, there were 765,651 legal abortions.[6] This statistic is almost certainly too low, but it is still staggering.

Premarital sex, in what has sometimes been called the "hook-up culture," is simply a routine. Popular media scoffs at premarital virginity — both for young men and young women. It shouldn't surprise us, therefore, that fewer and fewer couples are getting married.[7] Why should young couples get married when they can live together without social disapproval? Why should they get married when they can retain their sexual autonomy in a culture that prizes autonomy more than anything else?

The transformation is true in economics, which is, in fact, a moral category. In recent years nearly half of the U. S. population has gotten government financial assistance of some kind.[8] The federal government now controls about one sixth of our economy in commandeering health care. People sometimes complain about greedy American corporations, but the United States has the highest corporate tax rate in the world.[9] How many people are complaining about a greedy government?

Just as troubling, perhaps, is the quantifiable secularization of our culture. "The number of Americans who do not identify with any religion continues to grow at a rapid pace," concludes a 2010 Pew Research Study. "One-fifth of the U.S. public — and a third of adults under 30 — are religiously unaffiliated today, the highest percentages ever in Pew Research Center polling.... In the last five years alone, the unaffiliated have increased from just over 15% to just under 20% of all U.S. adults."[10] And understand that this is only people who *profess* agnosticism or atheism, not those secularists who do not profess their unbelief. As gauged by almost any standard, secularism is rising precipitously.

Christian Culture: What It Means and Doesn't Mean

The resulting moral transformation is evident. We might ask ourselves, "Why and how did it happen?" It won't suffice to answer that man is sinful, because man was also sinful when our society and its morals were quite different. The reality of human sinfulness is not an adequate explanation. It is difficult to answer why and how

this change came about without understanding what society was like before it came about. One way of getting that understanding is to recognize that United States at its founding, and especially in our pre-national colonial period, reflected a Christian consensus, a Christian *culture*. A residue of this culture survived into the 20th century. This culture, however imperfect, was a *Christian* culture.[11]

We need to grasp first what this does not mean. It does not mean that most settlers on this continent were Christians (though they may have been), that most people were acting like Christians almost all the time (I'm sure they weren't), or that society's laws and forms of government were explicitly biblical (that's not true either, at least much of the time). There was plenty of non-Christianity in the United States over the last 250 years and even in the colonial era.

To refer to "Christian culture" means something else. *It means that the cultural architecture of a society* (both physical and non-physical) *is shaped by Christian truth.*

Christian culture means that in society man is treated as he was created — in God's image. Individuals greet one another and treat each other with dignity and respect. The lives of the most vulnerable in society, unborn children and the elderly, are granted strict legal protection, as the Bible demands. Care of the poor and foreigners is on the minds and hearts of those with greater resources, not so that they can be cared for by an impersonal, bureaucratic government, but by the highly personal charity of those whom God has blessed materially.

Christian culture means that education is grounded in the transcendent truth of God's revelation in creation and in the Bible — children are educated to understand that they were born into God's good world, and how they are to think and act within that world.

Christian culture means that marriage and sexual morality are bounded by God's standards — God's gracious law alone brings peace and delight, and you don't get to make up your own sexual laws, which again and again bring sadness and tragedy.

Christian culture means that civil law is derived from God's revelation (creation and the Bible) — not from the greatest good for the greatest number, not from majority opinion, not from elite law schools, not from abstract, secular human rights.

Christian culture means that the government's role is limited to revelational norms: to punish externally wicked evildoers and protect the externally obedient (Rom. 13:18). In

the language of the early United States, this means protecting life, liberty, and property. The role of the government is not to create the "just" society, equalizing incomes, guaranteeing that everyone enjoys a certain standard of living, assuring health care, forcing employers to hire a specific percentage of women, African-Americans, gays, disabled, or 18-year-olds or 62-year-olds. In Christian culture, the task of the state is strictly limited.

Christian culture means that the arts bring glory to God. Moviemakers employ their amazing visuals to tell stories that accurately reflect the Christian worldview of Creation-Fall-Redemption. Popular musicians write and perform music that is beautiful, melodious, and inspiring, with lyrics and harmony echoing Christian truth. Architects design edifices that duplicate creational patterns of aesthetics, order, harmony, and transcendence.

In these spheres and others, Christian culture manifests God's gracious, kind will for man.

You might have noticed that this description of Christian culture is not an accurate description of our present culture. In fact, in many cases, our culture is virtually the opposite. That is to say, our culture is no longer Christian. We have drifted, in some cases scampered, from our heritage. And in abandoning God's truth for our culture, we have abandoned God.

Christian Culture: The Cost of Abandoning It

There is a price to pay for this abandonment. *We live in God-rigged universe.* God loves man so much that he will not allow man to destroy himself by completely abandoning his Maker. We read in Genesis 6 that the depravity of the antediluvian world was so great that God regretted creating man. He destroyed all humanity except Noah and his family with a flood, but he promised never to do this again. Man's depravity is self-destructive. In his love for man, therefore, God inflicts consequences so that man won't annihilate himself. You can't get away with sin, including cultural sin. Sin costs.

That cost surrounds us in our own culture, just as the depravity that produces it surrounds us. What are some of these costs?

The bitter fruits of the sexual revolution

It's hard to argue that the greatest cultural costs have been exacted by the sexual revolution[12] launched in the 1960's. It's remarkable how the vast majority of controversial social issues today are the direct product of the sexual revolution: teen pregnancy, rampant divorce, abortion, parental notification laws, feminism, egg harvesting, artificial insemination, sperm donation, pornography, in vitro fertilization, homosexuality, and same-sex "marriage." We simply can't imagine contemporary Western culture apart from the sexual revolution. Even the most stalwart advocates of the sexual revolution, who believe that it has benefited our culture, must, if they are honest, acknowledge the deep costs to our society.

The butchery of the most vulnerable in our society (unborn children) has desensitized us to the value of man made in God's image, just as the dehumanization and extermination of Jews desensitized German culture. Moreover, our nation's population has been reduced by millions as a result of this abortion culture; these millions would not only have been consumers, but producers, greatly benefiting our society.

Aside from butchered unborn children, the most injurious consequences of the sexual revolution have ironically fallen on women and children. I say "ironically" because the fiercest advocates of the sexual revolution, social progressives, constantly profess care for the weakest and most vulnerable in our society. Yet, as with the case of abortion, their advocacy of the sexual revolution belies their concern. Women want a committed, loving man to care for them and their children. The sexual revolution often turns the man into a freewheeling, irresponsible playboy.

Women want men to do their fair share of the domestic duties, but the sexual revolution gives them no incentive to stay around the house — except to play video games, perhaps. Women want romance, but the sexual revolution invites pornography that objectifies women and makes the female a gnostic, unattainable, airbrushed digital photo that no actual woman in the world could live up to. But porn has wreaked more havoc than objectification. Porn has degenerated into an utter degradation of women.

Children haven't fared better under the sexual revolution regime. Illegitimacy and divorce have wreaked havoc on children, leaving them often fatherless and splitting their time between two frenzied parents. Moreover, pedophilia and its gradual normalization have jeopardized vulnerable children.[13]

Adult men would seem to have fared best under the sexual revolution regime. This, again, is ironic, because most social progressives are also feminists who deplore any male hierarchy; but if there ever was a male hierarchy in the contemporary world, the sexual revolution has helped produce it. Men get the freedom of recreational sex without commitment to a wife and children, and porn without social stigma. Men get all of the fun and none of guilt — let the women and children suffer the consequences. This is the message, if far from the intended one, of the sexual revolution.

Yet men, too, suffer consequences. The irresponsibility spawned by the sexual revolution has bequeathed a generation of grown-up, effeminate juvenile males who can't hold a job longer than a year, won't cultivate a woman's love, won't spend time rearing children, and know more about digital gaming than about moral character. They suffer biological consequences, too, and not merely occasional sexually transmitted diseases. Neuropsychiatry is showing that extensive exposure to pornography rewires our brain for sexual dissatisfaction: "Repetitive viewing of pornography resets neural pathways, creating the need for a type and level of stimulation not satiable in real life," states the *Wall Street Journal*. "The user is thrilled, then doomed."[14] Porn isn't a harmless diversion; God is not mocked — even by a revolution as successful as the sexual revolution.

ART's (assisted reproductive technologies) have only intensified the costs of the sexual revolution. Egg harvesting has turned young teenage women on college campuses into depersonalized commodities. Surrogate pregnancy and sperm donation have severed child-bearing from love and intimacy. There's plenty of sex, but not much love.[15]

In the sexual revolution, our society gained its liberation from God's good plan for sex — but it's a liberation that has morally enslaved us.

The cultural cost of economic rigging

But we live amid another revolution, an economic revolution. Economics, I said earlier, is a moral issue. It's not an issue over which good Christians can simply agree to disagree. It's remarkable how many Christians oppose abortion and same-sex marriage but who refuse to oppose Obamacare and state welfare programs. Apparently they're willing to defend the fifth commandment, "You may not murder," but not the eighth "You may not steal." Theft is not somehow sanctified merely because it is practiced by the state or federal government. All property belongs to God ultimately, but the Bible clearly demands the inviolability of personal property.[16] Taxation is legitimate to the extent that it funds the legitimate role of government. The problem today, of course, is that government has greatly expanded its role and, therefore, extracted — that is to say, stolen — money to support itself.

As our culture becomes more secular, it becomes more socialistic. Socialism is a form of *secular providence*. When we no longer trust God provide for us, we turn to the state as our all-sufficient deity.[17] This is why increasingly secular societies are always increasingly socialistic societies, as much as our secular libertarian friends my resent that fact. Secularization of society does not produce the secular free-market society envisioned by the Ayn Rand variety. It produces the socialist society closer to the Karl Marx variety.

But there is a moral cost of economic rigging no less offensive than state theft: the quest for utopia.[18] Leftists always seem busy coercing tax revenue in order to create the just, or equal, society (in their definition , of course). Some citizens are too rich, and others are too poor, and the job of the state is to create greater equality. This is the fundamental tenet of atheistic Marxism that even professed Christians (like Jim Wallis and Sojourners) have purchased stock in. It is a form of economic rigging that the Bible prohibits. And it has costs, and I don't mean principally the cost to hard-working people who must fork over their hard-earned money to the government to be used by elitist bureaucrats. The problem is even deeper than that.

Angelo Codevilla's book *The Character of Nations*[19] shows that a nation's laws and customs tend to create (over time) a particular kind of citizen. He argued, and provided evidence, that people in the Soviet Union, for example, had different aspirations, behavior and habits than people in the United States. This is not a racial issue, but a cultural issue. The laws and customs of the United States incentivized and de-incentivized forms of behavior different from those that the different kinds of laws did in the old Soviet Union. The Soviet culture created a different kind of human. Over time, behavior instilled by a culture becomes ingrained in a society.

Economical rigging in the United States is now gradually creating a new kind of individual. This individual, from his and her childhood, feels entitled to a certain lifestyle, to a specific level of education, and to a particular quality of healthcare. In previous generations, within a Christian culture, it was understood that these enjoyments of life were the benefits of hard-working, wise investment. Today, however, they've simply been reduced to entitlement; hard work and wise investing have been pulled out of the equation. Since economic rigging has delivered on these benefits, for the time being, anyway, individuals have come to expect it. But not just come to expect. Economic rigging has created a new kind of individual, one for whom

wisdom and intelligence and delayed gratification and pride of ownership and concern for future generations are largely irrelevant. It's easy to blame the twenty-somethings who refuse to leave their parents' home and get a job and support themselves while expecting free cable TV and Internet access and tickets to the latest Coldplay concert. And, yes, they do carry their share of responsibility. But much of the blame must be laid at the feet of our culture and its government: economic rigging had a hand in creating these twenty-somethings.

I suggest, therefore, that the most pernicious cost of economic rigging is not economic stagnation, which is truly burdensome, but ontological stagnation — that is, this policy, over time, creates a different, and morally inferior, kind of individual.

These are just some of the heavy costs that an abandonment of Christian culture is exacting from us.

Christian Culture, the Panacea

I'm sure you've seen the bumper sticker or billboard, "Jesus is the answer." Cynical agnostics sometimes respond: "What's the question?" The answer is: it doesn't matter. Jesus Christ is ultimately the answer to *every* question. And that answer is truer than even many Christians suppose. Jesus isn't simply the answer to personal guilt or addiction or despair. He's also the answer to a homosexualized Hollywood and activist courts and runaway inflation and Obamacare. We Christians must get over the idea that "public" life should, or can, be religiously neutral, or that God has one standard for the family and church and another standard for public life. Lesslie Newbigin wrote:

> Christians can never seek refuge in a ghetto where their faith is not proclaimed as public truth for all. They can never agree that there is one law for themselves and another for the world. They can never admit that there are areas of human life where the writ of Christ does not run. They can never accept that there are orders of creation or powers or dominions that exist otherwise than to serve Christ.[20]

Jesus Christ is Lord of all things, and his word is the authoritative truth for all aspects of creation. Our Western society is profoundly diseased. Jesus Christ is the only permanent cure. As it relates to society, Christian culture is the only cure. How? Let me tell you three foundational ways.

Relativism

First, *Christian culture reflects confident truth in an age of chaotic relativism*. Relativism is the popular idea

that there are no objective standards of right and wrong (when applied more widely to cultures, relativism becomes multiculturalism). There is no single truth or morality to which all of us are accountable; each of us gets to make up his own standard of right and wrong. Likely no thinker is more responsible for today's relativism and Friedrich Nietzsche, the German existentialist. Nietzsche was painfully aware of the consequences of the loss of Christian culture in Europe. He knew that when you lose Christian truth, you lose Christian morality, and when you no longer have Christian morality, you need a substitute morality. He believed that the great figures among us, the "Supermen," must create a morality.[21] He called this the *transvaluation* of all values. Nietzsche considered this a sobering responsibility. He wasn't lackadaisical about it.

Today's relativists are lackadaisical. There's nothing sobering about their relativism; they just want the freedom to live as they want without any accountability. Of course, there are no consistent relativists. All of them are hypocrites. They are cafeteria relativists: they are relativists when relativism suits them. The college sophomore that spews relativism in the dormitory nonetheless gets mad when somebody has the audacity to steal his iPhone.

39

Relativism may be a creed, but it's not a way of life. But too often, relativists try to make it a way of life, and this produces the moral chaos surrounding us: test-two babies, same-sex "marriages," the gradual acceptance of pedophilia, and the butchery of unborn children and, recently, the elderly.

Christian culture is the antithesis of relativism. Christianity declares that man must live by God's loving, gracious revelation in the Bible. The Bible doesn't reveal just a way of eternal salvation; it prescribes a way of life. This is what God's moral law is all about.[22] Christian culture doesn't profess to do away with all sin, but it does profess to eliminate moral chaos. We know what's right and wrong because the Bible tells us. And the Bible doesn't tell us what's right and wrong only in our families and in our churches. It also tells us what's right and wrong in education and politics and technology and music and Hollywood and corporate America.

Christian culture is the antithesis of moral chaos; it is morally coherent. It recognizes the moral law of God revealed in his Word. This law does not save us (only Jesus Christ can do that by his redemptive work), but his revelatory Word speaks truth — truth to all of culture — in which all humans can place our confidence.

This truth does not allow (for example) politicians simply to devise laws from the fertility of their depraved imaginations. The great comfort of the Bible as it relates to public law[23] is that it imposes restrictions on politics — on the people who have a monopoly on violence (Rom. 13:1–8). They're not free to make up their own morality. They're not free to fashion a just society. They're not free to criminalize behavior that they don't prefer and decriminalize behavior they do prefer. No. They are bound to enforce those aspects of the Bible that are appropriate to civil law. This understanding purges moral chaos from politics, just as obeying the Word of God purges moral chaos from all areas of life.

Depravity

Second, *Christian culture offers liberating redemption in a time of enslaving depravity.* Sin enslaves. Paul makes this very clear in Romans chapter 7. Here he is talking about the individual. But earlier, in Romans chapter 1, he points out that sin enslaves entire societies and cultures. In Romans 7 he refers specifically to homosexuality and lesbianism, but the enslaving power of sin isn't limited to these sexual sins (see 2 Tim. 2:26). Sin brings us into its tragic bondage.

Jesus came to deliver humanity from sin's power, but not just as individuals. Jehovah makes clear to ancient Israel that if they place all their hope in him, if they love and obey him, he will grant them great cultural victory and liberty (Dt. 28:1–14). God doesn't just save individuals; he saves cultures. All of us are sinners, and sin enslaves us, but Jesus' death on the cross and his victorious resurrection liberate us from sin — if we trust in him alone. Sin enslaves cultures, too. Cultures stand under God's judgment. But when cultures repent and turn back to God and his grace, he blesses them. He did this with ancient Nineveh after Jonah's mighty preaching. In the old covenant era, both individuals and societies repented and turned to Jehovah. And here in the new covenant, both individuals and societies can repent and turned to his Son, Jesus Christ.

The reason the United States today is enslaved to debt and consumerism and drugs and pornography and entertainment and video games and government welfare programs is that it has turned away from the liberating gospel of Jesus Christ. But if, under the convicting declaration of God's word, our society repents and turns to the Triune God, he promises to liberate us and to restore us to a place of great glory (see Jer. 4:1–2). The United States is declining on the world's stage because it is declining in its trust in and obedience to Jesus Christ, just as

England did, just as the Netherlands did. If the Son makes us free, we are free indeed (Jn. 8:36) — free not just as individuals, but also free as a nation.

Despair

Finally, *Christian culture inspires joyous hope amid an environment of cynical despair.* One of the most reliable indexes of a culture's condition is its view of the future. Christianity has a bright view of the future, in spite of present difficulties, because the Bible tells us that God is working out his benevolent purposes in history and that his kingdom will gradually expand despite Satanic opposition.[24] Today, our culture is *post*modern. Earlier in the Western world, Christian culture was first eclipsed by the European Enlightenment.[25] The Enlightenment was also optimistic, yet it put its confidence not in God, but in man's ability to reason and to create the good, but godless, society. The Enlightenment social optimism has, of course, been a magnificent disappointment.[26] In its wake has come our postmodernism, which has turned away from both Christian optimism and Enlightenment optimism to despair.[27] There are no objective standards. There's nothing to keep us from falling into barbarism. Therefore, we should simply try to enjoy ourselves while we can — *if* we can. It's a despairing philosophy.

That despair is seen particularly in a great deal of our popular music. The wildly popular Lady Gaga sings in "Princess Die":

Bleach out all the dark
I'll swallow each peroxide shot,
volumes I know
Will love and save me from myself
Maybe I'll just clean the [expletive] off of these fancy shoes
I'll be a Princess Die and die with you
...
Wish that I was strong
Wish that I was wrong
Wish that I could cope, but I took pills and left a note

Suicide has been a theme of musicians for generations, but the despair and darkness of modern music, of much of postmodern art, is a reflection of the biblical aphorism: "[H]e who fails to find me [God and his wisdom] injures himself; all who hate me love death" (Prov. 8:36).

In radical contrast, Christian culture inspires great hope for the future. History is not an endless, repetitive cycle of rises and falls. It's a God-governed odyssey moving from Creation to Fall to Redemption to Consummation.[28] God's kingdom in Jesus Christ is not static. Although it suffers from diabolical attack, and sometimes, it seems, is almost overthrown, it marches on to its destined victory (1 Cor. 15:20–28). Christian culture is optimistic culture, not because it has confidence in its own society, but because it has confidence in the God whom it loves and obeys.

The eschatology of a Christian culture is an eschatology of optimism.[29] Eschatology is one's view of the future. Christian who embrace pessimistic eschatologies, who believe that culture is destined to get increasingly worse, are, in this way, at least, thinking more like pagans than Christians. Almost all civilizations at the time of Christ believed in a cyclical view of history: history is destined to go up and down and up and back down again.[30] A truly Christian eschatology sees God at work gradually redeeming all of culture by the power of his Spirit and in spite of fierce, frantic Satanic opposition.[31]

Secularization, a turning away from the Triune God and his word, has infected our culture with a deep spiritual disease. Jesus Christ and his way of doing culture is the only cure. Christian culture is the cure for relativistic chaos. Christian culture is the cure for enslaving depravity. And Christian culture is a cure for postmodern despair. This is why the Center for Cultural Leadership and our allies and I are devoting our lives to Christian culture. I pray that you will join us.

A Seductive Illusion

A final word: an understandable and rational response to this pervasive secular disease is to quarantine ourselves in our families and, at most, in our churches. The attitude is: even though our society may become more secular, *we* can become more Christian. A large number of ministries are committed to restoring the family and reviving the church. I support them, and I pray that they're successful. However, if they neglect the cultural component about which I've spoken today — and if they think they can sustain a robust Christianity over time in an evil culture — I believe this view to be not only theologically mistaken, but also dangerously delusional. The church should indeed impact society, but society has a way of impacting the church. The sociologist Peter Berger popularized the idea of "plausibility structures":[32] what counts as legitimate and illegitimate, real and unreal in a culture. When secularists create a comprehensive plausibility structure, it means that Christian truth is not so much persecuted, as it is simply meaningless. It doesn't matter if the church stands up for biblical marriage if the wider culture defines marriage in a radically different way. Trying to restore biblical marriage would be akin to trying to restore the 18th century French monarchy. People wouldn't fight you; they'd simply look at you as nutty. That's why we cannot afford to fix just one thing: We cannot afford to fix the family and the church but not the culture. These institutions are all interrelated, and each affects — and infects — the other. What our children and grandchildren consider normal will be shaped not only by what they hear and see in family and church but also in the surrounding culture. Abandoning the culture to Satan and secularists is to *allow them a hand in deciding what is normal for our children and grandchildren.*

Conclusion

If you believe in Jesus Christ and in the Bible, I ask you humbly but passionately: join me in the task of working wherever God has placed you to create Christian culture — by the power of the Spirit, restore Christian truth, whether in automobile repair or software architecture or primary education or as the executive in the board room or in the farming fields or in the statehouse.

Christian culture is the cure to our modern spiritual disease, and *there simply is no other.*

ENDNOTES

1. Mark Steyn, "Conservative Government in a Liberal Culture," *Steyn Online*, http://www.steynonline.com/6598/conservative-government-in-a-liberal-culture, accessed October 19, 2014.

2. William B. Wichterman, "The Culture: 'Upstream' from Politics," in *Building a Healthy Culture: Strategies for an American Renaissance*, Don Eberly, ed. (Grand Rapids: Eerdmans, 2001), 76–101.

3. Scott J. Hafemann, "The Kingdom of God as the Mission of God," in *For the Fame of God's Name*, Sam Storms and Justin Taylor, eds. (Wheaton, Illinois: Crossway, 2010), 236.

4. Henry R. Van Til, *The Calvinistic Concept of Culture* (Grand Rapids: Baker, 1959, 2001), 179–189.

5. This is an example of what has been called "common grace," God's (non-redemptive) kindness to unbelievers. See Abraham Kuyper, "Common Grace," *Abraham Kuyper: A Centennial Reader*, James D. Bratt, ed. (Grand Rapids: Eerdmans, 1998), 165–201.

6. "Reproductive Health," http://www.cdc.gov/reproductivehealth/data_stats/, accessed October 9, 2014.

7. Trevor Butterworth, "What's Behind The US Decline In Marriage? Pragmatism," *Forbes*, http://www.forbes.com/sites/trevorbutterworth/2013/06/25/whats-behind-the-us-decline-in-marriage-pragmatism/, accessed October 15, 2014.

8. Terence P. Jeffrey, "HHS Report: Percentage of Americans on Welfare Hits Recorded High," *CNS News*, http://cnsnews.com/news/article/terence-p-jeffrey/hhs-report-percentage-americans-welfare-hits-recorded-high, accessed October 9, 2014.

9. "U.S. Corporate Tax Rates Are the Highest in the Developed World," *Heritage*, http://www.heritage.org/federalbudget/corporate-tax-rate, accessed October 9, 2014.

10. "'Nones' on the Rise," *Pew Forum*, http://www.pewforum.org/2012/10/09/nones-on-the-rise/, accessed October 9, 2014.

11. Christopher Dawson, *The Historic Reality of Christian Culture* (London: Routledge and Kegan Paul, 1960).

12. Mary Eberstadt, *Adam and Eve After the Pill* (San Francisco: Ignatius Press, 2012).

13. Wesley J. Smith. "Normalizing Pedophilia," *National Review*, http://www.nationalreview.com/human-exceptionalism/337010/normalizing-pedophilia, accessed April 8, 2014.

14. Holly Finn, "Online Pornography's Effects, and a New Way to Fight Them," *WSJ*, http://online.wsj.com/article/SB10001424127887323628004578456710204395042.html, accessed June 5, 2013.

15. See the superb work of the Center for Bioethics and Culture Network: http://www.cbc-network.org/.

16. John M. Frame, *The Doctrine of the*

Christian Life (Phillipsburg, New Jersey: P & R Publishing, 2008), 797–798.

17. P. Andrew Sandlin, *Economic Atheism* (Mount Hermon, California: Center for Cultural Leadership, 2011), 7–12.

18. Thomas Molnar, *Utopia, The Perennial Heresy* (New York: Sheed & Ward, 1967).

19. Angelo M. Codevilla book *The Character of Nations* (New York: Basic Books, 1997).

20. Lesslie Newbigin, *Foolishness to the Greeks* (Grand Rapids: Eerdmans, 1986), 115.

21. Friedrich Nietzsche, *Beyond Good and Evil*, in *The Basic Writings of Nietzsche*, Walter Kaufmann, ed. (New York: Modern Library, 1968), 326.

22. John M. Frame, *The Doctrine of the Christian Life*, 131–250.

23. On the Bible as the basis for civil law, see Brian G. Mattson, *Politics and Evangelical Theology* (no loc., no pub., 2012).

24. John Jefferson Davis, *Christ's Victorious Kingdom* (Grand Rapids: Baker, 1976).

25. Peter Gay, *The Age of Enlightenment* (New York: Time-Life, 1966).

26. John Gray, *Enlightenment's Wake* (London and New York: Routledge, 1995, 2007), 215–276.

27. For a genealogy of postmodernism and the road to despair, see David Harvey, *The Condition of Postmodernity* (Malden, Massachusetts: Blackwell, 1995), 3–65.

28. Herman Dooyeweerd, *Roots of Western Culture* (Ancaster, Ontario, Canada: Paideia Press, 2012), 28–36.

29. Greg L. Bahnsen, *Victory in Jesus* (Texarkana, Arkansas: Covenant Media, 1999).

30. John Baillie, *The Belief in Progress* (New York: Scribner's Sons, 1951), 43–51

31. For an example of how to interpret the Bible optimistically in this way, see Roderick Campbell, *Israel and the New Covenant* (Philadelphia: Presbyterian and Reformed, 1954).

32. Peter Berger, *The Sacred Canopy* (New York; Anchor, 1967, 1969), 12.

45

¿Por qué la Cultura Cristiana?

por P. Andrew Sandlin

HOY QUIERO QUE nos regocijemos por las recientes victorias políticas. Pero también quiero que retrocedamos y tomemos una visión más larga, amplia y profunda de nuestra cultura. La cultura tendrá un impacto mucho mayor en nuestra sociedad que cualquier victoria o derrota política reciente. El conservador canadiense Mark Steyn ha escrito:

> La mayoría de los grandes cambios profundos en la sociedad occidental — el matrimonio gay, el auge del Islam, etc. — pasaron por alto el proceso político por completo, hasta el punto en que los políticos están nerviosos incluso de abordar el tema. Si permites que el liberalismo se convierta en la configuración predeterminada de la sociedad durante los 364 días del año en los que no hay elecciones, lo que suceda el día de las elecciones será bastante irrelevante. Por lo tanto, si no estás jugando en los grandes campos de batalla cultural, vas a perder.[1]

Tiene razón. La cultura está "aguas arriba" de la política. La cultura es la cola que menea al perro político.[2] Hoy les pido que pensemos culturalmente. Al pensar culturalmente, me refiero a reflexionar sobre cómo nosotros, como seres humanos creados a imagen de Dios, trabajamos en la administración del mundo en el que Dios nos ha colocado (Gén. 1:26–28). Nuestra misión como seres humanos, como lo observa Scott Hafemann, es "ejercer dominio sobre la creación de Dios obedeciendo los mandamientos de Dios".[3] Por supuesto, tanto los cristianos como los no creyentes participan en esta actividad de mayordomía, esta actividad *cultural*. De hecho, este es el gran conflicto en nuestro mundo: dos tipos de personas con dos naturalezas espirituales muy diferentes y convicciones fundamentalmente contradictorias, ambas moldeando el mundo, intencionalmente o no. Cada uno de nosotros, creyentes y no creyentes, aborda las tareas culturales —educación, política, ciencia, las artes, arquitectura, música, tecnología, cinematografía y toda otra actividad cultural— de dos maneras distintivamente diferentes.[4]

La cuestión no puede reducirse a cómo piensan y actúan los cristianos versus cómo piensan y actúan los no cristianos.[5] ¿Por qué? Porque muchos cristianos no piensan ni actúan como cristianos y, para ser honestos, muchos no cristianos a veces piensan y actúan como cristianos. El verdadero problema es este: ¿cómo se ve la cultura cuando tanto cristianos como no cristianos son fieles a su condición espiritual básica? Me gustaría sugerir que en las últimas décadas, los no cristianos han sido más coherentes con *su* condición espiritual básica que los cristianos con la suya. No es solo que hay más no creyentes en nuestro país. Hay más no creyentes que piensan y actúan conscientemente como no creyentes. Y cuando piensan y actúan conscientemente como no creyentes, y cuando hay muchos de ellos, tienden a crear una cultura no cristiana.

Acabo de darles la razón principal por la cual nuestra cultura actual está tan depravada. Y lo *está*.

Una Taxonomía Moral

Los cristianos en los Estados Unidos mayores de 50 años, o aquellos menores de 50 pero informados históricamente de nuestra cultura nacional en el último siglo, probablemente estén asombrados de la transformación moral de nuestro país. El "matrimonio" entre personas del mismo sexo es legal en muchos estados y cada vez en más (y la Corte Suprema parece dispuesta a permitir esta visión sin precedentes del matrimonio). La pornografía es omnipresente, no se limita a sórdidas librerías para adultos, sino que está a tres toques de dedo en su computadora o teléfono. El CDC afirma que en 2010 hubo 765,651 abortos legales.[6] Esta estadística casi con certeza es demasiado baja, pero aún así es asombrosa.

El sexo prematrimonial, en lo que a veces se ha llamado la "cultura del ligue", es simplemente una rutina. Los medios populares se burlan de la virginidad prematrimonial, tanto para hombres jóvenes como para mujeres jóvenes. No debería sorprendernos, por lo tanto, que cada vez menos parejas se casen.[7] ¿Por qué deberían casarse las parejas jóvenes cuando pueden vivir juntas sin desaprobación social? ¿Por qué deberían casarse cuando pueden mantener su autonomía sexual en una cultura que valora la autonomía por encima de todo?

La transformación es evidente en la economía, que, de hecho, es una categoría moral. En los últimos años, casi la mitad de la población de EE. UU. ha recibido asistencia financiera del gobierno de algún tipo.[8] El gobierno federal ahora controla aproximadamente una sexta parte de nuestra economía al comandar la atención médica. A veces, las personas se quejan de las corporaciones estadounidenses codiciosas, pero Estados Unidos tiene la tasa de impuestos corporativos más alta del mundo.[9] ¿Cuántas personas se quejan de un gobierno codicioso?

Igual de preocupante, quizás, es la secularización cuantificable de nuestra cultura. "El número de estadounidenses que no se identifican con ninguna religión sigue creciendo a un ritmo rápido", concluye un estudio de Pew Research de 2010. "Una quinta parte del público estadounidense, y un tercio de los adultos menores de 30 años, no tienen afiliación religiosa hoy, los porcentajes más altos jamás registrados en las encuestas del Centro de Investigación Pew.... En solo los últimos cinco años, los no afiliados han aumentado de poco más del 15% a poco menos del 20% de todos los adultos de EE. UU."[10] Y comprendan que esto solo incluye a las personas que *profesan* agnosticismo o

ateísmo, no a aquellos secularistas que no profesan su incredulidad. Según casi cualquier estándar, el secularismo está aumentando precipitadamente.

Cultura Cristiana: Lo que Significa y lo que No Significa

La transformación moral resultante es evidente. Podríamos preguntarnos, "¿Por qué y cómo sucedió?" No basta con responder que el hombre es pecador, porque el hombre también era pecador cuando nuestra sociedad y sus valores morales eran bastante diferentes. La realidad de la pecaminosidad humana no es una explicación adecuada. Es difícil responder por qué y cómo se produjo este cambio sin entender cómo era la sociedad antes de que ocurriera. Una forma de obtener esa comprensión es reconocer que Estados Unidos, en su fundación y especialmente en nuestro período colonial prenacional, reflejaba un consenso cristiano, una cultura cristiana. Un residuo de esta cultura sobrevivió hasta el siglo XX. Esta cultura, aunque imperfecta, era una cultura *cristiana*.[11]

Primero debemos comprender lo que esto no significa. No significa que la mayoría de los colonos en este continente fueran cristianos (aunque podrían haberlo sido), que la mayoría de las personas actuaran como cristianos casi todo el tiempo (estoy seguro de que no lo hacían), o que las leyes y formas de gobierno de la sociedad fueran explícitamente bíblicas (eso tampoco es cierto, al menos la mayor parte del tiempo). Ha habido mucha no-cristianidad en los Estados Unidos en los últimos 250 años e incluso en la era colonial.

Referirse a "cultura cristiana" significa otra cosa. *Significa que la arquitectura cultural de una sociedad (tanto física como no física) está moldeada por la verdad cristiana.*

La cultura cristiana significa que en la sociedad el hombre es tratado como fue creado, a imagen de Dios. Los individuos se saludan y tratan con dignidad y respeto. Las vidas de los más vulnerables en la sociedad, los niños no nacidos y los ancianos, reciben estricta protección legal, como exige la Biblia. El cuidado de los pobres y extranjeros está en las mentes y corazones de aquellos con mayores recursos, no para que puedan ser atendidos por un gobierno impersonal y burocrático, sino por la caridad altamente personal de aquellos a quienes Dios ha bendecido materialmente.

La cultura cristiana significa que la educación está fundamentada en la verdad trascendente de la revelación de Dios en la creación y en la Biblia. Los niños son educados para entender que nacieron en el buen mundo de Dios, y cómo deben pensar y actuar dentro de ese mundo.

La cultura cristiana significa que el matrimonio y la moralidad sexual están delimitados por los estándares de Dios. Solo la ley graciosa de Dios trae paz y deleite, y no puedes inventar tus propias leyes sexuales, que una y otra vez traen tristeza y tragedia.

La cultura cristiana significa que la ley civil se deriva de la revelación de Dios (creación y la Biblia), no del mayor bien para el mayor número, no de la opinión mayoritaria, no de las escuelas de derecho de élite, no de los derechos humanos seculares abstractos.

La cultura cristiana significa que el papel del gobierno está limitado a las normas revelacionales: castigar a los malhechores externamente malvados y proteger a los externamente obedientes (Rom. 13:18). En el lenguaje de los primeros Estados Unidos, esto significa proteger la vida, la libertad y la propiedad. El papel del gobierno no es crear la sociedad "justa", igualando ingresos, garantizando que todos disfruten de un cierto nivel de vida, asegurando la atención médica, obligando a los empleadores a contratar un porcentaje específico de mujeres, afroamericanos, gays, discapacitados, o jóvenes de 18 años o adultos de 62 años. En la cultura cristiana, la tarea del estado está estrictamente limitada.

La cultura cristiana significa que las artes traen gloria a Dios. Los cineastas emplean sus increíbles visuales para contar historias que reflejan con precisión la cosmovisión cristiana de la Creación-Caída-Redención. Los músicos populares escriben e interpretan música que es hermosa, melodiosa e inspiradora, con letras y armonía que resuenan con la verdad cristiana. Los arquitectos diseñan edificios que duplican patrones creacionales de estética, orden, armonía y trascendencia.

En estas esferas y otras, la cultura cristiana manifiesta la voluntad graciosa y bondadosa de Dios para el hombre.

Es posible que hayas notado que esta descripción de la cultura cristiana no es una descripción precisa de nuestra cultura actual. De hecho, en muchos casos, nuestra cultura es prácticamente lo opuesto. Es decir, nuestra cultura ya no es cristiana. Nos hemos desviado, en algunos casos apresuradamente, de nuestro patrimonio. Y al abandonar la verdad de Dios para nuestra cultura, hemos abandonado a Dios.

Cultura Cristiana: El Costo de Abandonarla

Hay un precio que pagar por este abandono. *Vivimos en un universo dirigido por Dios.* Dios ama tanto al hombre que no permitirá que el hombre se destruya completamente al abandonar a su Creador. Leemos en Génesis 6 que la depravación del mundo antediluviano era tan grande que Dios lamentó haber creado al hombre.

Destruyó a toda la humanidad, excepto a Noé y su familia, con un diluvio, pero prometió no volver a hacerlo. La depravación del hombre es autodestructiva. Por lo tanto, en su amor por el hombre, Dios inflige consecuencias para que el hombre no se aniquile a sí mismo. No puedes escapar del pecado, incluido el pecado cultural. El pecado cuesta.

Ese costo nos rodea en nuestra propia cultura, así como la depravación que lo produce nos rodea. ¿Cuáles son algunos de estos costos?

Los amargos frutos de la revolución sexual

Es difícil argumentar que los mayores costos culturales han sido exigidos por la revolución sexual lanzada en la década de 1960.[12] Es notable cómo la gran mayoría de los problemas sociales controvertidos de hoy son el producto directo de la revolución sexual: el embarazo adolescente, el divorcio rampante, el aborto, las leyes de notificación a los padres, el feminismo, la recolección de óvulos, la inseminación artificial, la donación de esperma, la pornografía, la fertilización in vitro, la homosexualidad y el "matrimonio" entre personas del mismo sexo. Simplemente no podemos imaginar la cultura occidental contemporánea sin la revolución sexual. Incluso los defensores más firmes de la revolución sexual, que creen que ha beneficiado a nuestra cultura, deben, si son honestos, reconocer los profundos costos para nuestra sociedad.

La carnicería de los más vulnerables en nuestra sociedad (los niños no nacidos) nos ha desensibilizado al valor del hombre hecho a imagen de Dios, al igual que la deshumanización y exterminio de los judíos desensibilizó a la cultura alemana. Además, la población de nuestra nación se ha reducido en millones como resultado de esta cultura del aborto; estos millones no solo habrían sido consumidores, sino también productores, beneficiando enormemente a nuestra sociedad.

Aparte de los niños no nacidos masacrados, las consecuencias más perjudiciales de la revolución sexual han recaído irónicamente en mujeres y niños. Digo "irónicamente" porque los defensores más feroces de la revolución sexual, los progresistas sociales, profesan constantemente cuidar a los más débiles y vulnerables de nuestra sociedad. Sin embargo, como en el caso del aborto, su defensa de la revolución sexual desmiente su preocupación. Las mujeres quieren un hombre comprometido y amoroso que cuide de ellas y sus hijos. La revolución sexual a menudo convierte al hombre en un playboy irresponsable y libre.

Las mujeres quieren que los hombres hagan su parte justa de las tareas domésticas, pero la revolución sexual no les da ningún incentivo para quedarse en casa, excepto quizás para jugar videojuegos. Las mujeres quieren romance, pero la revolución sexual invita a la pornografía que cosifica a las mujeres y convierte a la mujer en una foto digital gnóstica, inalcanzable y retocada que ninguna mujer real en el mundo podría igualar. Pero la pornografía ha causado más estragos que la cosificación. La pornografía ha degenerado en una degradación total de las mujeres.

Los niños no han salido mejor parados bajo el régimen de la revolución sexual. La ilegitimidad y el divorcio han causado estragos en los niños, dejándolos a menudo sin padre y dividiendo su tiempo entre dos padres frenéticos. Además, la pedofilia y su normalización gradual han puesto en peligro a los niños vulnerables.[13]

Los hombres adultos parecerían haber salido mejor parados bajo el régimen de la revolución sexual. Esto, nuevamente, es irónico, porque la mayoría de los progresistas sociales también son feministas que deploran cualquier jerarquía masculina; pero si alguna vez hubo una jerarquía masculina en el mundo contemporáneo, la revolución sexual ha ayudado a producirla. Los hombres obtienen la libertad del sexo recreativo sin compromiso con una esposa e hijos, y la pornografía sin estigma social. Los hombres obtienen toda la diversión y ninguna culpa; que las mujeres y los niños sufran las consecuencias. Este es el mensaje, aunque lejos del pretendido, de la revolución sexual.

Sin embargo, los hombres también sufren consecuencias. La irresponsabilidad engendrada por la revolución sexual ha legado una generación de varones juveniles afeminados que no pueden mantener un trabajo por más de un año, no cultivan el amor de una mujer, no pasan tiempo criando hijos y saben más sobre juegos digitales que sobre carácter moral. También sufren consecuencias biológicas, y no solo ocasionales enfermedades de transmisión sexual. La neuropsiquiatría está mostrando que la exposición extensiva a la pornografía reconfigura nuestro cerebro para la insatisfacción sexual: "La visualización repetitiva de pornografía restablece las vías neuronales, creando la necesidad de un tipo y nivel de estimulación no saciable en la vida real", afirma el *Wall Street Journal*. "El usuario está emocionado, luego condenado."[14] La pornografía no es una diversión inofensiva; Dios no es burlado, ni siquiera por una revolución tan exitosa como la revolución sexual.

Las tecnologías de reproducción asistida (TRA) solo han intensificado los costos de la revolución sexual. La recolección de óvulos ha convertido a las jóvenes adolescentes en campus universitarios en mercancías despersonalizadas. El embarazo subrogado y la donación de esperma han separado la procreación del amor y la intimidad. Hay mucho sexo, pero no mucho amor.[15]

En la revolución sexual, nuestra sociedad ganó su liberación del buen plan de Dios para el sexo, pero es una liberación que nos ha esclavizado moralmente.

El costo cultural del amaño económico

Pero vivimos en medio de otra revolución, una revolución económica. La economía, como dije anteriormente, es una cuestión moral. No es un tema sobre el cual los buenos cristianos pueden simplemente acordar en desacuerdo. Es notable cuántos cristianos se oponen al aborto y al matrimonio entre personas del mismo sexo, pero se niegan a oponerse a Obamacare y los programas de asistencia estatal. Aparentemente están dispuestos a defender el quinto mandamiento, "No matarás", pero no el octavo, "No robarás." El robo no se santifica de alguna manera simplemente porque lo practique el estado o el gobierno federal. Toda propiedad pertenece a Dios en última instancia, pero la Biblia exige claramente la inviolabilidad de la propiedad personal.[16] La tributación es legítima en la medida en que finan-cia el papel legítimo del gobierno. El problema hoy, por supuesto, es que el gobierno ha ampliado enormemente su papel y, por lo tanto, ha extraído, es decir, robado, dinero para mantenerse.

A medida que nuestra cultura se vuelve más secular, se vuelve más socialista. El socialismo es una forma de *providencia secular.* Cuando ya no confiamos en que Dios nos provea, recurrimos al estado como nuestra deidad autosuficiente.[17] Es por eso que las sociedades cada vez más seculares son siempre sociedades cada vez más socialistas, por mucho que nuestros amigos libertarios seculares puedan resentir ese hecho. La secularización de la sociedad no produce la sociedad secular de libre mercado imaginada por el tipo de Ayn Rand. Produce la sociedad socialista más cercana al tipo de Karl Marx.

Pero hay un costo moral del amaño económico no menos ofensivo que el robo estatal: la búsqueda de la utopía.[18] Los izquierdistas siempre parecen estar ocupados coaccionando los ingresos fiscales para crear la sociedad justa o igualitaria (en su definición, por supuesto). Algunos ciudadanos son demasiado ricos y otros son demasiado pobres, y el trabajo del estado es crear una mayor igualdad. Este es el princi-pio fundamental del marxismo ateo en el que incluso los cristianos profesos

(como Jim Wallis y Sojourners) han comprado acciones. Es una forma de amaño económico que la Biblia pro-híbe. Y tiene costos, y no me refiero principalmente al costo para las perso-nas trabajadoras que deben entregar su dinero duramente ganado al gobierno para ser utilizado por burócratas elitis-tas. El problema es aún más profundo que eso.

El libro de Angelo Codevilla, *El carácter de las naciones,*[19] muestra que las leyes y costumbres de una nación tienden a crear (con el tiempo) un tipo particular de ciudadano. Argumentó y proporcionó evidencia de que las perso-nas en la Unión Soviética, por ejemplo, tenían aspiraciones, comportamientos y hábitos diferentes de las personas en los Estados Unidos. Esto no es un pro-blema racial, sino un problema cultural. Las leyes y costumbres de los Estados Unidos incentivaban y desincentivaban formas de comportamiento diferentes a las que las leyes diferentes lo hacían en la antigua Unión Soviética. La cultura soviética creó un tipo diferente de ser humano. Con el tiempo, el comporta-miento inculcado por una cultura se convierte en una parte integral de una sociedad.

El amaño económico en los Estados Unidos ahora está creando gra-dualmente un nuevo tipo de individuo. Este individuo, desde su niñez, se siente con derecho a un cierto estilo de vida, a un nivel específico de educación y a una calidad particular de atención médica. En generaciones anteriores, dentro de una cultura cristiana, se entendía que estos placeres de la vida eran los beneficios del trabajo arduo y la inversión sabia. Hoy, sin embargo, simplemente se han reducido a derechos; el trabajo duro y la inversión sabia han sido eliminados de la ecuación. Dado que el amaño económico ha entregado estos beneficios, por el momento, de todos modos, los individuos han llegado a esperarlos. Pero no solo a esperarlos. El amaño económico ha creado un nuevo tipo de individuo, uno para el cual la sabiduría y la inteligencia y la gratificación retrasada y el orgullo de la propiedad y la preocupación por las generaciones futuras son en gran parte irrelevantes. Es fácil culpar a los veinteañeros que se niegan a dejar la casa de sus padres y conseguir un trabajo y mantenerse mientras esperan televisión por cable gratis y acceso a Internet y boletos para el último concierto de Coldplay. Y, sí, ellos tienen su parte de responsabilidad. Pero gran parte de la culpa debe recaer en los pies de nuestra cultura y su gobierno: el amaño económico tuvo un papel en la creación de estos veinteañeros.

Sugiero, por lo tanto, que el costo más pernicioso del amaño económico no es la estagnación económica, que es verdaderamente onerosa, sino la estagnación ontológica: es decir, esta política, con el tiempo, crea un individuo diferente y moralmente inferior.

Estos son solo algunos de los costos pesados que el abandono de la cultura cristiana nos está exigiendo.

Cultura Cristiana: La Panacea

Es probable que hayas visto la pegatina o cartel que dice: "Jesús es la respuesta". Los agnósticos cínicos a veces responden: "¿Cuál es la pregunta?". La respuesta es: no importa. Jesucristo es, en última instancia, la respuesta a *cada* pregunta. Y esa respuesta es más verdadera de lo que incluso muchos cristianos suponen. Jesús no es simplemente la respuesta a la culpa personal, la adicción o la desesperación. También es la respuesta a un Hollywood homosexualizado, tribunales activistas, inflación descontrolada y Obamacare. Nosotros, los cristianos, debemos superar la idea de que la vida "pública" debería o puede ser religiosamente neutral, o que Dios tiene un estándar para la familia y la iglesia y otro estándar para la vida pública. Lesslie Newbigin escribió:

> Los cristianos nunca pueden buscar refugio en un gueto donde su fe no se proclame como verdad pública para todos. Nunca pueden acordar que hay una ley para ellos mismos y otra para el mundo. Nunca pueden admi-

tir que hay áreas de la vida humana donde no rige la autoridad de Cristo. Nunca pueden aceptar que existen órdenes de creación o poderes o dominios que existen de otra manera que no sea para servir a Cristo.[20]

Jesucristo es el Señor de todas las cosas, y su palabra es la verdad autoritaria para todos los aspectos de la creación. Nuestra sociedad occidental está profundamente enferma. Jesucristo es la única cura permanente. En lo que respecta a la sociedad, la cultura cristiana es la única cura. ¿Cómo? Permíteme decirte tres formas fundamentales.

Relativismo

En primer lugar, *la cultura cristiana refleja la verdad confiada en una era de relativismo caótico*. El relativismo es la idea popular de que no hay estándares objetivos de lo correcto e incorrecto (cuando se aplica más ampliamente a las culturas, el relativismo se convierte en multiculturalismo). No hay una sola verdad o moralidad a la que todos seamos responsables; cada uno de nosotros puede establecer su propio estándar de lo correcto e incorrecto. Probablemente ningún pensador sea más responsable del relativismo actual que Friedrich Nietzsche, el existencialista alemán. Nietzsche era dolorosamente consciente de las consecuencias de la pérdida de la cultura cristiana en Europa. Sabía que cuando se pierde

la verdad cristiana, se pierde la moralidad cristiana, y cuando ya no se tiene la moralidad cristiana, se necesita una moralidad sustitutiva. Creía que las grandes figuras entre nosotros, los "Superhombres", deben crear una moralidad.[21] Llamó a esto la transvaloración de todos los valores. Nietzsche consideraba esto una responsabilidad sobria. No era indiferente al respecto.

Los relativistas de hoy son indiferentes. No hay nada sobrio en su relativismo; simplemente quieren la libertad de vivir como quieren sin ninguna responsabilidad. Por supuesto, no hay relativistas consistentes. Todos ellos son hipócritas. Son relativistas de cafetería: son relativistas cuando el relativismo les conviene. El estudiante universitario que suelta relativismo en el dormitorio sin embargo se enoja cuando alguien tiene la audacia de robarle su iPhone. El relativismo puede ser un credo, pero no es una forma de vida. Pero con demasiada frecuencia, los relativistas intentan hacer de ello una forma de vida, y esto produce el caos moral que nos rodea: bebés de prueba dos, "matrimonios" entre personas del mismo sexo, la aceptación gradual de la pedofilia y la matanza de niños no nacidos y, recientemente, de ancianos.

La cultura cristiana es la antítesis del relativismo. El cristianismo declara que el hombre debe vivir según la amorosa y graciosa revelación de Dios en la Biblia. La Biblia no solo revela un camino de salvación eterna; prescribe una forma de vida. De esto se trata la ley moral de Dios.[22] La cultura cristiana no profesa eliminar todo pecado, pero sí profesa eliminar el caos moral. Sabemos lo que está bien y lo que está mal porque la Biblia nos lo dice. Y la Biblia no solo nos dice lo que está bien y lo que está mal en nuestras familias y en nuestras iglesias. También nos dice lo que está bien y lo que está mal en la educación, la política, la tecnología, la música, Hollywood y las corporaciones estadounidenses.

La cultura cristiana es la antítesis del caos moral; es moralmente coherente. Reconoce la ley moral de Dios revelada en su Palabra. Esta ley no nos salva (solo Jesucristo puede hacer eso con su obra redentora), pero su Palabra reveladora habla verdad, verdad para toda la cultura, en la que todos los humanos podemos confiar.

Esta verdad no permite, por ejemplo, que los políticos simplemente inventen leyes de la fertilidad de sus imaginaciones depravadas. El gran consuelo de la Biblia en lo que respecta a la ley pública[23] es que impone restricciones a la política, a las personas que tienen el monopolio de la violencia (Romanos 13:1-8). No son libres de inventar su propia moralidad.

No son libres de formar una sociedad justa. No son libres de criminalizar comportamientos que no prefieren y despenalizar comportamientos que prefieren. No. Están obligados a hacer cumplir aquellos aspectos de la Biblia que son apropiados para la ley civil. Esta comprensión purga el caos moral de la política, al igual que obedecer la Palabra de Dios purga el caos moral de todas las áreas de la vida.

Depravación

En segundo lugar, *la cultura cristiana ofrece redención liberadora en una época de depravación esclavizante.* El pecado esclaviza. Pablo deja esto muy claro en Romanos capítulo 7. Aquí está hablando del individuo. Pero antes, en el capítulo 1 de Romanos, señala que el pecado esclaviza a sociedades y culturas enteras. En Romanos 7 se refiere específicamente a la homosexualidad y el lesbianismo, pero el poder esclavizante del pecado no se limita a estos pecados sexuales (ver 2 Tim. 2:26). El pecado nos lleva a su trágica esclavitud.

Jesús vino a liberar a la humanidad del poder del pecado, pero no solo como individuos. Jehová deja claro al antiguo Israel que si ponen toda su esperanza en él, si lo aman y obedecen, les concederá una gran victoria y libertad cultural (Dt. 28:1–14). Dios no solo salva individuos; salva culturas.

Todos somos pecadores, y el pecado nos esclaviza, pero la muerte de Jesús en la cruz y su resurrección victoriosa nos liberan del pecado, si confiamos solo en él. El pecado también esclaviza culturas. Las culturas están bajo el juicio de Dios. Pero cuando las culturas se arrepienten y vuelven a Dios y a su gracia, él las bendice. Hizo esto con la antigua Nínive después de la poderosa predicación de Jonás. En la era del antiguo pacto, tanto los individuos como las sociedades se arrepentían y volvían a Jehová. Y aquí en el nuevo pacto, tanto los individuos como las sociedades pueden arrepentirse y volverse a su Hijo, Jesucristo.

La razón por la que Estados Unidos hoy está esclavizado a la deuda y al consumismo, las drogas, la pornografía, el entretenimiento, los videojuegos y los programas de asistencia social del gobierno es que se ha alejado del evangelio liberador de Jesucristo. Pero si, bajo la declaración convictiva de la palabra de Dios, nuestra sociedad se arrepiente y vuelve al Dios Trino, él promete liberarnos y restaurarnos a un lugar de gran gloria (ver Jer. 4:1–2). Estados Unidos está en declive en el escenario mundial porque está en declive en su confianza y obediencia a Jesucristo, al igual que lo hizo Inglaterra, al igual que lo hicieron los Países Bajos. Si el Hijo nos hace libres, seremos verdaderamente libres (Jn. 8:36), libres no solo como individuos, sino también como nación.

Desesperación

Finalmente, *la cultura cristiana inspira una esperanza gozosa en un entorno de desesperación cínica.* Uno de los índices más fiables de la condición de una cultura es su visión del futuro. El cristianismo tiene una visión brillante del futuro, a pesar de las dificultades presentes, porque la Biblia nos dice que Dios está trabajando en sus propósitos benevolentes en la historia y que su reino se expandirá gradualmente a pesar de la oposición satánica.[24] Hoy, nuestra cultura es *pos*moderna. Anteriormente en el mundo occidental, la cultura cristiana fue eclipsada por la Ilustración europea.[25] La Ilustración también era optimista, pero puso su confianza no en Dios, sino en la capacidad del hombre para razonar y crear la buena sociedad sin Dios. El optimismo social de la Ilustración ha sido, por supuesto, una gran decepción.[26] En su estela ha llegado nuestro posmodernismo, que se ha alejado tanto del optimismo cristiano como del optimismo de la Ilustración hacia la desesperación.[27] No hay estándares objetivos. No hay nada que nos impida caer en el barbarismo. Por lo tanto, simplemente deberíamos tratar de disfrutar mientras podamos, *si podemos.* Es una filosofía desesperada. Esa desesperación se ve particularmente en gran parte de nuestra música popular. La muy popular Lady Gaga canta en

"Princess Die":

> Blanquea toda la oscuridad
> Me tragaré cada trago de peróxido,
> volúmenes que sé
> Me amarán y me salvarán de mí
> misma
> Tal vez solo limpie la [grosería] de
> estos zapatos elegantes
> Seré una Princesa Die y moriré
> contigo
> ...
> Ojalá fuera fuerte
> Ojalá estuviera equivocada
> Ojalá pudiera sobrellevarlo, pero
> tomé pastillas y dejé una nota

El suicidio ha sido un tema de los músicos durante generaciones, pero la desesperación y la oscuridad de la música moderna, de gran parte del arte posmoderno, es un reflejo del aforismo bíblico: "El que me falla [a Dios y su sabiduría] se daña a sí mismo; todos los que me odian aman la muerte" (Prov. 8:36).

En contraste radical, la cultura cristiana inspira una gran esperanza para el futuro. La historia no es un ciclo interminable y repetitivo de ascensos y caídas. Es una odisea gobernada por Dios que va desde la Creación hasta la Caída, la Redención y la Consumación.[28] El reino de Dios en Jesucristo no es estático. Aunque sufre ataques diabólicos, y a veces parece que casi es derrocado, marcha hacia su victoria destinada (1 Cor. 15:20–28). La cultura cristiana es una cultura optimista, no porque tenga confianza en su propia sociedad, sino porque tiene confianza en el Dios a quien ama y obedece.

La escatología de una cultura cristiana es una escatología de optimismo.[29] La escatología es la visión que uno tiene del futuro. Los cristianos que abrazan escatologías pesimistas, que creen que la cultura está destinada a empeorar cada vez más, están, en este sentido, al menos, pensando más como paganos que como cristianos. Casi todas las civilizaciones en la época de Cristo creían en una visión cíclica de la historia: la historia está destinada a subir y bajar y subir y bajar de nuevo.[30] Una escatología verdaderamente cristiana ve a Dios trabajando gradualmente para redimir toda la cultura por el poder de su Espíritu y a pesar de la oposición satánica feroz y frenética.[31]

La secularización, un alejamiento del Dios Trino y su palabra, ha infectado nuestra cultura con una profunda enfermedad espiritual. Jesucristo y su forma de hacer cultura es la única cura. La cultura cristiana es la cura para el caos relativista. La cultura cristiana es la cura para la depravación esclavizante. Y la cultura cristiana es una cura para la desesperación posmoderna. Por eso el Centro para el Liderazgo Cultural y nuestros aliados y yo estamos dedicando nuestras vidas a la cultura cristiana. Oro para que te unas a nosotros.

Una Ilusión Seductora

Una última palabra: una respuesta comprensible y racional a esta enfermedad secular omnipresente es aislarnos en nuestras familias y, a lo sumo, en nuestras iglesias. La actitud es: aunque nuestra sociedad pueda volverse más secular, *podemos* volvernos más cristianos. Un gran número de ministerios están comprometidos con la restauración de la familia y la revitalización de la iglesia. Los apoyo, y oro para que tengan éxito. Sin embargo, si descuidan el componente cultural del que he hablado hoy —y si piensan que pueden sostener un cristianismo robusto a lo largo del tiempo en una cultura maligna— creo que esta visión no solo es teológicamente equivocada, sino también peligrosamente ilusa. La iglesia debe, en efecto, impactar a la sociedad, pero la sociedad tiene una forma de impactar a la iglesia. El sociólogo Peter Berger popularizó la idea de "estructuras de plausibilidad":[32] lo que cuenta como legítimo e ilegítimo, real e irreal en una cultura. Cuando los secularistas crean una estructura de plausibilidad comprensiva, significa que la verdad cristiana no es tanto perseguida, como simplemente carece de sentido. No importa si la iglesia defiende el matrimonio bíblico si la cultura en general define el matrimonio de manera radicalmente diferente. Intentar restaurar el matrimonio bíblico sería similar a intentar restaurar la monarquía francesa del siglo XVIII. La gente no pelearía contigo; simplemente te verían como un loco. Por eso no podemos permitirnos arreglar solo una cosa: no podemos arreglar solo la familia y la iglesia, pero no la cultura. Estas instituciones están todas interrelacionadas, y cada una afecta —e infecta— a la otra. Lo que nuestros hijos y nietos consideran normal será moldeado no solo por lo que escuchan y ven en la familia y en la iglesia, sino también en la cultura circundante. Abandonar la cultura a Satanás y a los secularistas es *permitirles decidir qué es normal para nuestros hijos y nietos.*

Conclusión

Si crees en Jesucristo y en la Biblia, te pido humildemente pero con pasión: únete a mí en la tarea de trabajar donde Dios te ha colocado para crear cultura cristiana —por el poder del Espíritu, restaurar la verdad cristiana, ya sea en reparación de automóviles o en arquitectura de software o en educación primaria o como ejecutivo en la sala de juntas o en los campos agrícolas o en el capitolio estatal.

La cultura cristiana es la cura para nuestra enfermedad espiritual moderna, *y no hay otra.*

NOTAS FINALES

1. Mark Steyn, "Conservative Government in a Liberal Culture," *Steyn Online*, http://www.steynonline.com/6598/conservative-government-in-a-liberal-culture, consultado 19 de Octubre, 2014.

2. William B. Wichterman, "The Culture: 'Upstream' from Politics," en *Building a Healthy Culture: Strategies for an American Renaissance*, Don Eberly, ed. (Grand Rapids: Eerdmans, 2001), 76–101.

3. Scott J. Hafemann, "The Kingdom of God as the Mission of God," en *For the Fame of God's Name*, Sam Storms and Justin Taylor, eds. (Wheaton, Illinois: Crossway, 2010), 236.

4. Henry R. Van Til, *The Calvinistic Concept of Culture* (Grand Rapids: Baker, 1959, 2001), 179–189.

5. Este es un ejemplo de lo que se ha llamado "gracia común", la bondad (no redentora) de Dios hacia los incrédulos. Ver Abraham Kuyper, "Common Grace," *Abraham Kuyper: A Centennial Reader*, James D. Bratt, ed. (Grand Rapids: Eerdmans, 1998), 165–201.

6. "Reproductive Health," http://www.cdc.gov/reproductivehealth/data_stats/, consultado 9 de Octubre, 2014.

7. Trevor Butterworth, "What's Behind The US Decline In Marriage? Pragmatism," *Forbes*, http://www.forbes.com/sites/trevorbutterworth/2013/06/25/whats-behind-the-us-decline-in-marriage-pragmatism/, consultado 15 de Octubre, 2014.

8. Terence P. Jeffrey, "HHS Report: Percentage of Americans on Welfare Hits Recorded High," *CNS News*, http://cnsnews.com/news/article/terence-p-jeffrey/hhs-report-percentage-americans-welfare-hits-recorded-high, consultado 9 de Octubre, 2014.

9. "U.S. Corporate Tax Rates Are the Highest in the Developed World," *Heritage*, http://www.heritage.org/federalbudget/corporate-tax-rate, consultado 9 de Octubre, 2014.

10. "'Nones' on the Rise," *Pew Forum*, http://www.pewforum.org/2012/10/09/nones-on-the-rise/, consultado 9 de Octubre, 2014.

11. Christopher Dawson, *The Historic Reality of Christian Culture* (London: Routledge and Kegan Paul, 1960).

12. Mary Eberstadt, *Adam and Eve After the Pill* (San Francisco: Ignatius Press, 2012).

13. Wesley J. Smith. "Normalizing Pedophilia," *National Review*, http://www.nationalreview.com/human-exceptionalism/337010/normalizing-pedophilia, accessed April 8, 2014.

14. Holly Finn, "Online Pornography's Effects, and a New Way to Fight Them," *WSJ*, http://online.wsj.com/article/SB10001424127887323628004578456710204395042.html, consultado 5 de Junio, 2013.

15. Vea el excelente trabajo del Centro para

la Bioética y la Cultura (Center for Bioethics and Culture Network).: http://www.cbc-network.org/.

16. John M. Frame, *The Doctrine of the Christian Life* (Phillipsburg, New Jersey: P & R Publishing, 2008), 797–798.

17. P. Andrew Sandlin, *Economic Atheism* (Mount Hermon, California: Center for Cultural Leadership, 2011), 7–12.

18. Thomas Molnar, *Utopia, The Perennial Heresy* (New York: Sheed & Ward, 1967).

19. Angelo M. Codevilla book *The Character of Nations* (New York: Basic Books, 1997).

20. Lesslie Newbigin, *Foolishness to the Greeks* (Grand Rapids: Eerdmans, 1986), 115.

21. Friedrich Nietzsche, *Beyond Good and Evil*, in *The Basic Writings of Nietzsche*, Walter Kaufmann, ed. (New York: Modern Library, 1968), 326.

22. John M. Frame, *The Doctrine of the Christian Life*, 131–250.

23. Sobre la Biblia como base para la ley civil, véase Brian G. Mattson, *Politics and Evangelical Theology* (no loc., no pub., 2012).

24. John Jefferson Davis, *Christ's Victorious Kingdom* (Grand Rapids: Baker, 1976).

25. Peter Gay, *The Age of Enlightenment* (New York: Time-Life, 1966).

26. John Gray, *Enlightenment's Wake* (London and New York: Routledge, 1995, 2007), 215–276.

27. Para una genealogía del posmodernismo y el camino hacia la desesperación,

véase David Harvey, *The Condition of Postmodernity* (Malden, Massachusetts: Blackwell, 1995), 3–65.

28. Herman Dooyeweerd, *Roots of Western Culture* (Ancaster, Ontario, Canada: Paideia Press, 2012), 28–36.

29. Greg L. Bahnsen, *Victory in Jesus* (Texarkana, Arkansas: Covenant Media, 1999).

30. John Baillie, *The Belief in Progress* (New York: Scribner's Sons, 1951), 43–51

31. Para un ejemplo de cómo interpretar la Biblia de manera optimista de esta forma, véase Roderick Campbell, *Israel and the New Covenant* (Philadelphia: Presbyterian and Reformed, 1954).

32. Peter Berger, *The Sacred Canopy* (New York; Anchor, 1967, 1969), 12.

FAITH:

Its Nature, Structure, and its Significance for Science

by D. H. Th. Vollenhoven

The following were remarks made at the Student Conference on Faith, Science and the Scientist in Utrecht, the Netherlands, 1950, by D. H. Th. Vollenhoven. This article was adapted from a provisional translation of an address originally published in Geloof en Wetenschap: Levensbeschouwing en levenshouding van de academicus (Utrecht-Nijmegen: N.V. Dekker & Van de Vegt, 1950). This new translation seeks to make Vollenhoven's address more accessible.

I AM DELIGHTED to accept your invitation to participate in this Congress, a decision fueled not merely by the fond recollections of my academic pursuits in Utrecht during 1946 but also, and more significantly, by a desire to fortify our connection.

It appears, to my observation, that in Holland, Roman Catholics and Calvinists are increasingly drifting apart, a division that undermines the well-being of our nation. To reverse this trend, it is imperative that we first establish a thorough mutual understanding. Few platforms offer a more effective avenue for fostering such understanding than congresses like this one.

The Nature of Faith

Understanding "faith" within the realm of religious belief, particularly through the lens of active "believing," prompts us to ask the question of What is the nature of "faith"?

I view faith, in the context of belief, as the pinnacle of individual human function. The distinction between a Christian and, at the opposite end of the spectrum, a pagan, holds immense significance yet is secondary to our discussion; faith is a universal attribute. This universality stems from belief being intrinsic to the structure of human life, which, despite notable variations in manifestation, remains consistent across humanity.

In examining the structure of human life, we discern the "internal" from the "external," or the core from the periphery, the heart and the functions ('functiemantel').

By positing faith as the paramount function within human life, I imply two notions: firstly, that belief operates merely as a function, and secondly, that within the scale or hierarchy of functions, belief is the most important.

To elaborate, belief is functional in nature. This means that faith, distinct from the heart, is shaped by the heart in its inclination towards good or evil, i.e. in adherence to the law of love or its negation. In essence, the *entirety* of a person is religious, and their life is a walk before the face of God (*Coram Deo*) in obedience or disobedience.

Consider also that, within the framework of functional existence, faith assumes the most pivotal role. Being the zenith of functions suggests that all others are subordinate, collectively constituting the foundation (or substrate) upon which faith rests. Thus, faith interacts with these various functions, each of which, in its own

way, prefigures or sets the stage for (anticipate) faith. Consequently, faith is woven into the very "cloak" of functionality that envelops the structure of man. It is not an external appendage that can be misplaced and then reattached as a *donum superadditum*, super-added gift of grace, but rather an inherent component of our being.

Thus far, my focus has been solely on faith within individual existence. Yet, one must acknowledge that no individual exists in isolation; we are born from and into various communities. The tapestry of human interaction is woven through numerous social fabrics, such as associations, economic entities, the state, and the family. These societal relationships share a common foundation in their historical development, and they imply the life of language, observation of social forms, and interactions, while their highest function delimits their destination.

The faith community, too, is a social structure embedded within human life. This phenomenon is not exclusive to Christianity; communities centered around shared beliefs are also found among pagans, where such gatherings might assume different forms and names. In Christian contexts, this community is referred to as the "church."

Like the societal relationships previously mentioned, the church embodies a functional nature. It is crucial to differentiate between "church" as an institution and the *corpus christianum*, or the people of the Lord, which represents a pre-functional community rooted in Christ.

Hence the church-offices are also functional and should be distinguished from the pre-functional office in which the representative of man acts in matters that are to be carried out by humanity before God.

Thus, we delve into the *genetic* dimension of human life, recognizing that our existence is not solely defined by the present but is deeply rooted in our past. This historical backdrop not only shapes the upbringing of individuals, preparing them to navigate societal relationships upon maturity, but also holds significance for communities, each with its own lineage. The course of both individual lives and communities is steered by the core of our being—our heart and spiritual orientation, primarily our relationship with God.

This is exemplified by the pivotal event of Adam's fall in religious history, a moment not marked by a loss of faith but a pivotal redirection—from trust in God to belief in Satan. However, it was the forfeiture of his pre-functional role that stood as a significant loss, a role that was subsequently bestowed upon Christ as the second Adam. In this light, faith emerges not merely as an individual attribute but as a thread woven through the entire tapestry of human existence and history, transcending the individual to encompass humanity at large, whether in Christ or not – no matter how often actual life shows a mixed striving in both directions at once.

The Structure of Faith

Being functional, faith is governed by a set of functional laws, aligning it with the broader framework of human functions. It is crucial to understand that laws and functions never merge—not in the pre-analytical either. However, within the analytical or logical function, we encounter a unique characteristic. The essence of the analytical function lies in its capacity to dissect and differentiate, recognizing diversity that exists independently of the analytical process itself. This ability enables the analytical function to discern the separation between laws and functions across various domains, including its own. Consequently, the analytical realm can differentiate itself from the laws that govern it, introducing the concept of "norm." It is essential not to juxtapose law and norm but to recognize a distinction between laws that constitute norms and those that do not.

Due to the interconnected nature of functions, every post-analytical function inherently involves self-differentiation, making the laws that govern these functions essentially norms. This explains why we refer to norms across various domains, including the analytical, historical-technical, lingual, social interaction, economic, and others.

Similarly, the realm of faith is governed by a normative law. For believers, this norm is represented by the Word of God as it pertains to faith, or in the context of paganism, by an equivalent guiding principle. This norm demands acknowledgment and adherence.

Moreover, the function of faith is not solely defined by its corresponding normative law but is also characterized by its relationships with all other things under this law. Part of that are subjects, part are objects.

Within the domain of faith, objects are defined as all entities that do not possess the capacity for faith in the manner of a subject. Despite this, they still hold significance in the landscape of faith. From a Christian perspective, based on divine revelation, I believe that all other creatures are creations of God. The sacraments hold a unique position in this framework: they remain what they are, but at the same time they serve the proclamation as sign and seal, that is, to clarify and to confirm.

Faith intricately interacts with its underlying foundation (substrate, i.e., the other functions). It not only relies upon this base but also integrates with it to form a cohesive entity. This interconnection allows faith to express itself through aspects inherent to its nature, such that the emotional dimensions of faith—its joys and sorrows—relate to the psychological; its contemplations and understandings connect with the analytical; its notions of sacrifice are tied to the economic; and its trust aligned with the ethical. These reflections, or *retrocipations*, should not be misconstrued as constitutive elements of faith, as if to suggest that faith is merely an amalgamation of joy, sacrifice, trust, and so forth. Faith is a distinct and unparalleled phenomenon, *sui generia*; one cannot *define* it other than by saying it is the highest function. Consequently, attempts to pigeonhole faith as purely emotional, cognitive, or volitional are meaningless, for these attributes are inherent in faith without *qualifying* (or defining) it.

So, knowledge is not more important in faith than for instance trust is. But with regard to our topic, this characteristic merits a moment of our special attention. And then we note in the first place that this thinking and knowing is of a non-scientific character: it may certainly not be confused with the science concerned with faith, which belongs with theology. Taken Scripturally, faith is knowing God through Jesus Christ.

The Significance of Faith for Science

Theoretical thinking and knowing are quite different from non-theoretical thinking and knowing. The latter is always concerned with things in their totality, as for instance, when I note things around me.

Theoretical or scientific thinking is characterized by its methodical approach, wherein specialized disciplines each examine a distinct facet of the broader spectrum of knowledge. This methodology not only shapes the way we think but also defines the scope of our inquiry, encompassing not only objects of study but, significantly, subjects as well.

Non-theoretical and theoretical thinking are fundamentally different, not in terms of importance, but in nature; they cannot be reduced to each other. Practitioners in everyday life are not less esteemed than scientists; often, their understanding is exceptionally sharp. Imposing scientific standards on non-theoretical thought undermines practical life and even the scientist's experience, as non-theoretical knowledge occupies an important place.

But although non-theoretical and theoretical knowledge cannot be mutually reduced, that does not mean that they are antagonists. They are even positively related to each other. For knowledge begins with non-theoretical knowing, and then, sometimes, proceeds to differentiated knowledge in the special sciences; in this detour it is deepened and enriched so that in philosophy it re-unites to the knowledge of the whole.

In all this the non-theoretical knowledge of faith occupies a special place. For, whole faith as function remains a human function, nevertheless, when one hears and listens to the revelation of the Word (which is reliable in itself – and thus needs no witness to collaborate it), he not only learns something about the cosmos, but also about God and His relation to the cosmos. Belief in a simple yet profound statement like Genesis 1:1 opens a gateway to fundamental truths: it reveals God as the Creator and the cosmos as His creation. This knowledge lays down a conceptual framework that precludes the deification of anything created and, positively, guides one to acknowledge a universal truth about all creation—it exists under God's law and is, therefore, subject to God Himself.

Similarly, the knowledge derived from faith about history carries profound significance. Those who acknowledge the fall of humanity into sin recognize that this event marked a radical shift in humanity's orientation. Despite remaining structurally unchanged, humanity's direction was fundamentally altered: as long as no new turn-about (*conversion*) occurs, he no longer lives rightly directed. This non-theoretical knowledge encompasses our understanding of God's wrath and grace, both of which are revelations of the disposition of God towards sin and sinners. Importantly, grace is not in conflict with nature; rather, it stands in contrast to wrath. As far as the relation of grace to (fallen) nature is concerned: it can best be seen as calling to life and as healing. For grace brings forth gifts of grace, and the greatest of these is the turn-about of the heart – regeneration. This transformation is not an added external dimension (*donum superadditum*) but the profound impact of grace that restores our capacity to live in love-driven obedience, not just within a "religious sphere" but as men and women in integral wholeness.

The concepts of non-theoretical knowledge of faith are, accordingly, holistic in nature. They are not meant to supplant the precise concepts developed through scientific inquiry but rather to envelop or frame them. This overarching framework ensures that discoveries made through scientific exploration ultimately find their place within it.

Faith, irrespective of its Christian or pagan roots, should not be viewed as "beyond" the purview of scholarly inquiry. However, any theoretical examination of faith constitutes a specialized discipline that delves into a pre-existing field. This field of faith exists independently of scientific scrutiny and is neither constructed nor established by it, serving instead as the foundational context from which scientific investigation can commence.

Conclusion

Viewing the interplay between faith and science in this light clarifies two key points:

A. Theoretical basis for Christian faith is impossible.

B. But, on the contrary, a Christian foundation of science is certainly possible. It is even a first requirement. Without this anchoring, science lacks the comprehensive context needed to fully integrate its discoveries into the broader tapestry of human understanding.

These realizations are pivotal for researchers, anchoring their pursuits within the great struggle for truth and fostering a sense of responsibility: science is part of our life – a life that is dedicated in service to God. Science, thus, becomes an integral part of our existence, lived in the presence of God (*Coram Deo*). This perspective also enhances our understanding, enabling us to recognize not only the insights gleaned from our investigations but also the limitations imposed by sin. For instance, a historian analyzing the works of a pagan thinker like Plato will not only describe what he finds in Plato's works, but he will also see what Plato could not.

In other words:

- Being a Christian is infinitely more than being a student.

- Being a student is being allowed to study; thus, it is more than not being a student.

And being a Christian student is infinitely more than to study as a non-Christian. For the Christian-student, all of life, thus also its theoretical side including activity and results, is hid with God in Christ.

La FE:

Su naturaleza, estructura y su importancia para la ciencia

por D. H. Th. Vollenhoven

Las siguientes son observaciones hechas en la Conferencia Estudiantil sobre fe, ciencia y el científico en Utrecht, Países Bajos, en 1950, por D. H. Th. Vollenhoven. Este artículo fue adaptado de una traducción provisional de una conferencia originalmente publicada en Geloof en Wetenschap: Levensbeschouwing en levenshouding van de academicus (Utrecht-Nijmegen: N.V. Dekker & Van de Vegt, 1950).

ME COMPLACE aceptar su invitación para participar en este Congreso, una decisión motivada no solo por los gratos recuerdos de mis estudios en Utrecht durante 1946, sino también, y más significativamente, por el deseo de fortalecer nuestra conexión. Parece, según mi observación, que en Holanda, católicos romanos y calvinistas se están distanciando cada vez más, una división que socava el bienestar de nuestra nación. Para revertir esta tendencia, es imperativo que primero establezcamos un entendimiento mutuo exhaustivo. Pocos escenarios ofrecen una vía más efectiva para fomentar tal comprensión que los congresos como este.

La Naturaleza de la Fe

Comprender la "fe" dentro del ámbito de la creencia religiosa, particularmente a través del lente de la "creencia" activa, nos lleva a preguntar: ¿Cuál es la naturaleza de la "fe"?

Veo la fe, en el contexto de la creencia, como el punto culminante de la función humana individual. La distinción entre un cristiano y, en el extremo opuesto, un pagano, tiene una inmensa importancia pero es secundaria a nuestra discusión; la fe es un atributo universal. Esta universalidad proviene del hecho de que la creencia es intrínseca a la estructura de la vida humana, la cual, a pesar de las notables variaciones en su manifestación, permanece consistente a lo largo de la humanidad.

Al examinar la estructura de la vida humana, discernimos lo "interno" de lo "externo", o el núcleo de la periferia, el corazón y las funciones ('functiemantel').

Al situar la fe como la función primordial dentro de la vida humana, implico dos nociones: en primer lugar, que la creencia opera meramente como una función, y en segundo lugar, que dentro de la escala o jerarquía de funciones, la creencia es la más importante.

Para elaborar, la creencia es funcional por naturaleza. Esto significa que la fe, distinta del corazón, está moldeada por el corazón en su inclinación hacia el bien o el mal, es decir, en conformidad con la ley del amor o su negación. En esencia, *toda* la persona es religiosa, y su vida es un caminar ante la faz de Dios (*Coram Deo*) en obediencia o desobediencia.

Considera también que, dentro del marco de la existencia funcional, la fe asume el papel más crucial. Ser el cenit de las funciones sugiere que todas las demás son subordinadas, constituyendo colectivamente la base

(o sustrato) sobre la cual descansa la fe. Por lo tanto, la fe interactúa con estas diversas funciones, cada una de las cuales, a su manera, prefigura o establece el escenario para (anticipa) la fe. En consecuencia, la fe está entrelazada en el mismo "manto" de funcionalidad que envuelve la estructura del ser humano. No es un apéndice externo que se pueda extraviar y luego volver a unir como un *donum superadditum*, un don superadicional de gracia, sino un componente inherente a nuestro ser.

Hasta aquí, mi enfoque ha sido únicamente sobre la fe en la existencia individual. Sin embargo, se debe reconocer que ningún individuo existe en aislamiento; nacemos de y en diversas comunidades. El tapiz de la interacción humana se teje a través de numerosos tejidos sociales, como asociaciones, entidades económicas, el estado y la familia. Estas relaciones sociales comparten una base común en su desarrollo histórico, e implican la vida del lenguaje, la observación de las formas sociales y las interacciones, mientras que su función más alta delimita su destino.

La comunidad de fe, también, es una estructura social incrustada en la vida humana. Este fenómeno no es exclusivo del cristianismo; las comunidades centradas en creencias compartidas también se encuentran entre los paganos, donde tales reuniones pueden asumir formas y nombres diferentes. En contextos cristianos, esta comunidad se denomina "iglesia."

Al igual que las relaciones sociales mencionadas anteriormente, la iglesia encarna una naturaleza funcional. Es crucial diferenciar entre "iglesia" como institución y el corpus *christianum*, o el pueblo del Señor, que representa una comunidad pre-funcional enraizada en Cristo.

Por lo tanto, las oficinas eclesiásticas también son funcionales y deben diferenciarse del oficio pre-funcional en el que el representante del hombre actúa en asuntos que deben ser llevados a cabo por la humanidad ante Dios.

Así, profundizamos en la dimensión *genética* de la vida humana, reconociendo que nuestra existencia no está definida únicamente por el presente, sino que está profundamente enraizada en nuestro pasado. Este trasfondo histórico no solo moldea la crianza de los individuos, preparándolos para navegar las relaciones sociales al llegar a la madurez, sino que también tiene importancia para las comunidades, cada una con su propia línea genealógica. El curso de las vidas individuales y de las comunidades es guiado por el núcleo de nuestro ser —nuestro corazón y orientación espiritual, principalmente nuestra relación con Dios.

Esto se ejemplifica en el evento pivotal de la caída de Adán en la historia religiosa, un momento no marcado por una pérdida de fe sino por una redirección crucial — de la confianza en Dios a la creencia en Satanás. Sin embargo, fue la pérdida de su rol pre-funcional lo que representó una pérdida significativa, un rol que posteriormente fue conferido a Cristo como el segundo Adán. A la luz de esto, la fe emerge no solo como un atributo individual sino como un hilo tejido a través de todo el tapiz de la existencia y la historia humana, trascendiendo al individuo para abarcar a la humanidad en su totalidad, ya sea en Cristo o no — sin importar cuán a menudo la vida real muestre un esfuerzo mixto en ambas direcciones simultáneamente.

La Estructura de la Fe

Siendo funcional, la fe está regida por un conjunto de leyes funcionales, alineándola con el marco más amplio de las funciones humanas. Es crucial entender que las leyes y las funciones nunca se fusionan, ni siquiera en el análisis previo. Sin embargo, dentro de la función analítica o lógica, encontramos una característica única. La esencia de la función analítica radica en su capacidad para diseccionar y diferenciar, reconociendo una diversidad que existe independientemente del proceso analítico mismo. Esta habilidad permite a la función analítica discernir la separación entre leyes y funciones en varios dominios, incluido el propio. En consecuencia, el ámbito analítico puede diferenciarse de las leyes que lo rigen, introduciendo el concepto de "norma". Es esencial no yuxtaponer la ley y la norma, sino reconocer una distinción entre las leyes que constituyen normas y aquellas que no lo hacen.

Debido a la naturaleza interconectada de las funciones, cada función post-analítica involucra inherentemente la auto-diferenciación, haciendo que las leyes que rigen estas funciones sean esencialmente normas. Esto explica por qué nos referimos a normas en varios dominios, incluidos el analítico, histórico-técnico, lingüístico, de interacción social, económico, entre otros.

De manera similar, el ámbito de la fe está regido por una ley normativa. Para los creyentes, esta norma está representada por la Palabra de Dios en lo que concierne a la fe, o en el contexto del paganismo, por un principio orientador equivalente. Esta norma exige reconocimiento y adhesión.

Además, la función de la fe no está definida únicamente por su correspondiente ley normativa, sino también por sus relaciones con todas las demás cosas bajo esta ley. Parte de esas cosas son sujetos, parte son objetos.

Dentro del dominio de la fe, los objetos se definen como todas las entidades que no poseen la capacidad de fe en la manera de un sujeto. A pesar de esto, aún tienen importancia en el ámbito de la fe. Desde una perspectiva cristiana, basada en la revelación divina, creo que todas las demás criaturas son creaciones de Dios. Los sacramentos ocupan una posición única en este marco: permanecen lo que son, pero al mismo tiempo sirven a la proclamación como signo y sello, es decir, para clarificar y confirmar.

La fe interactúa intrincadamente con su fundamento subyacente (sustrato, es decir, las otras funciones). No solo depende de esta base, sino que también se integra con ella para formar una entidad coherente. Esta interconexión permite que la fe se exprese a través de aspectos inherentes a su naturaleza, de manera que las dimensiones emocionales de la fe—sus alegrías y tristezas—se relacionan con lo psicológico; sus contemplaciones y entendimientos se conectan con lo analítico; sus nociones de sacrificio están ligadas a lo económico; y su confianza se alinea con lo ético. Estas reflexiones, o *retrocepciones*, no deben ser malinterpretadas como elementos constitutivos de la fe, como si se sugiriera que la fe es simplemente una amalgama de alegría, sacrificio, confianza, y así sucesivamente. La fe es un fenómeno distintivo y sin igual, *sui generia*; no se puede *definir* de otra manera que diciendo que es la función más alta. En consecuencia, los intentos de encasillar la fe como puramente emocional, cognitiva o volicional son sin sentido, ya que estos atributos son inherentes a la fe sin *calificarla* (o definirla).

Por lo tanto, el conocimiento no es más importante en la fe que, por ejemplo, la confianza. Pero en relación con nuestro tema, esta característica merece un momento de nuestra atención especial. Y notamos, en primer lugar, que este pensamiento y conocimiento es de carácter no científico: ciertamente no debe confundirse con la ciencia concerniente a la fe, que pertenece a la teología. Tomado desde las Escrituras, la fe es conocer a Dios a través de Jesucristo.

La Significación de la Fe para la Ciencia

El pensamiento y el conocimiento teóricos son bastante diferentes del pensamiento y conocimiento no teóricos. Los últimos siempre se ocupan de las cosas en su totalidad, como cuando observo las cosas a mi alrededor.

El pensamiento teórico o científico se caracteriza por su enfoque metódico, donde disciplinas especializadas examinan cada una una faceta distinta del amplio espectro del conocimiento. Esta metodología no solo moldea nuestra manera de pensar, sino que también define el alcance de nuestra investigación, abarcando no solo objetos de estudio, sino, significativamente, sujetos también.

El pensamiento no teórico y el teórico son fundamentalmente diferentes, no en términos de importancia, sino en su naturaleza; no pueden reducirse el uno al otro. Los practicantes en la vida cotidiana no son menos estimados que los científicos; a menudo, su comprensión es excepcionalmente aguda. Imponer estándares científicos al pensamiento no teórico socava la vida práctica e incluso la experiencia del científico, ya que el conocimiento no teórico ocupa un lugar importante.

Pero, aunque el conocimiento no teórico y el teórico no pueden reducirse mutuamente, eso no significa que sean antagonistas. De hecho, están positivamente relacionados entre sí. El conocimiento comienza con el conocimiento no teórico y luego, a veces, progresa hacia un conocimiento diferenciado en las ciencias especiales; en este rodeo se profundiza y enriquece para que en la filosofía se reúnan en el conocimiento del todo.

En todo esto, el conocimiento no teórico de la fe ocupa un lugar especial. Porque, aunque la fe como función sigue siendo una función humana, sin embargo, cuando se escucha y se atiende la revelación de la Palabra (que es confiable en sí misma – y, por lo tanto, no necesita testigos que la corroboren), no solo se aprende algo sobre el cosmos, sino también sobre Dios y Su relación con el cosmos. La creencia en una declaración simple pero profunda como Génesis 1:1 abre una puerta a verdades fundamentales: revela a Dios como el Creador y al cosmos como Su creación. Este conocimiento establece un marco conceptual que excluye la deificación de cualquier cosa creada y, positivamente, guía a reconocer una verdad universal sobre toda la creación: existe bajo la ley de Dios y, por lo tanto, está sometida a Dios mismo.

De manera similar, el conocimiento derivado de la fe sobre la historia tiene una importancia profunda. Aquellos que reconocen la caída de la humanidad en el pecado entienden que este evento marcó un cambio radical en la orientación de la humanidad. A pesar de mantenerse estructuralmente sin cambios, la dirección de la humanidad fue alterada fundamentalmente: mientras no ocurra un nuevo giro (*conversión*), ya no vive correctamente orientado. Este conocimiento no teórico abarca nuestra comprensión de la ira y la gracia de Dios, ambas revelaciones de la disposición de Dios hacia el pecado y los pecadores. Es importante destacar que la gracia no está en conflicto con la naturaleza; más bien, contrasta con la ira. En cuanto a la relación de la gracia con la (caída) naturaleza: se puede entender mejor como una llamada a la vida y como sanación. La gracia produce dones de gracia, y el mayor de ellos es el giro del corazón – la regeneración. Esta transformación no es una dimensión añadida externa (*donum superadditum*) sino el profundo impacto de la gracia que restaura nuestra capacidad para vivir en obediencia movida por el amor, no solo dentro de una "esfera religiosa" sino como hombres y mujeres en una totalidad integral.

Los conceptos del conocimiento no teórico de la fe son, en consecuencia, de naturaleza holística. No están destinados a suplantar los conceptos precisos desarrollados a través de la investigación científica, sino a envolverlos o enmarcarlos. Este marco general asegura que los descubrimientos hechos a través de la exploración científica finalmente encuentren su lugar dentro de él.

La fe, independientemente de sus raíces cristianas o paganas, no debe ser vista como "más allá" del alcance de la investigación académica. Sin embargo, cualquier examen teórico de la fe constituye una disciplina especializada que se adentra en un campo preexistente. Este campo de la fe existe independientemente del escrutinio científico y no es construido ni establecido por él, sirviendo en cambio como el contexto fundamental desde el cual puede comenzar la investigación científica.

Conclusión

Ver la interacción entre la fe y la ciencia bajo esta luz aclara dos puntos clave:

A. La base teórica para la fe cristiana es imposible.

B. Pero, por el contrario, una base cristiana para la ciencia es ciertamente posible. De hecho, es un requisito fundamental. Sin este anclaje, la ciencia carece del contexto integral necesario para integrar plenamente sus descubrimientos en el amplio tapiz de la comprensión humana.

Estas realizaciones son cruciales para los investigadores, anclando sus búsquedas dentro de la gran lucha por la verdad y fomentando un sentido de responsabilidad: la ciencia es parte de nuestra vida, una vida dedicada al servicio de Dios. La ciencia, por lo tanto, se convierte en una parte integral de nuestra existencia, vivida en la presencia de Dios (*Coram Deo*). Esta perspectiva también mejora nuestra comprensión, permitiéndonos reconocer no solo las percepciones obtenidas de nuestras investigaciones, sino también las limitaciones impuestas por el pecado. Por ejemplo, un historiador que analiza las obras de un pensador pagano como Platón no solo describirá lo que encuentra en las obras de Platón, sino que también verá lo que Platón no pudo.

En otras palabras:

- Ser cristiano es infinitamente más que ser estudiante.

- Ser estudiante es tener el permiso para estudiar; por lo tanto, es más que no ser estudiante.

Y ser un estudiante cristiano es infinitamente más que estudiar como un no cristiano. Para el estudiante cristiano, toda la vida, incluyendo su aspecto teórico, incluyendo la actividad y los resultados, está escondida con Dios en Cristo.

The Case for Canadian Christian Nationalism

by Michael Wagner

THESE DAYS, the term "Christian nationalism" is commonly bantered about in discussions of American politics. Many conservative Christians in the U.S. openly supported Donald Trump during his presidency and actively support his current campaign for that office.

Democrats and much of the mainstream media try to portray such Christian support for Trump as dangerous. They point to the presence of conservative Christians in the January 6, 2021 Washington, D.C. riot that they falsely claim was an "insurrection."

Such dangerous people are derided as "Christian nationalists" who are mixing religion and politics and thus pose a threat to the ruling political establishment and its progressive policies.

Although there is apparently no agreed-upon definition of Christian nationalism, certain key themes are unmistakable: the belief that the United States was originally a Christian nation, and the notion that Christian principles should influence government policies.

But such views—that a country was originally Christian and that Christianity should influence government—are actually not unique to the U.S. These claims could be made about Canada as well.

The historical influence of Christianity in Canada's public life is so obvious that even some observers unsympathetic to Christianity admit it. For example, Tom Warner, a longtime LGBTQ rights leader in Ontario, has written that "There was a time, not so long ago, when Judeo-Christian values were indisputably 'Canadian values,' when it was generally and willingly accepted that the role of the state was to promote and protect such values."[1]

Indeed, during debate in the House of Commons in 1877, none other than Sir John A. Macdonald himself referred to Canada as "a Christian country."[2]

In 1906, Parliament passed the *Lord's Day Act* to reflect the fourth commandment of Christianity's Ten Commandments. During debate on that law, Senator James McMullen stated that "we must not forget that we claim to be a Christian nation, we are a Christian-professing nation at least, and as such we should respect the laws of God."[3]

The *Lord's Day Act* remained in force until 1985.

Christianity permeated public education in Canada for several decades. For example, during much of the twentieth century, Ontario's public schools held religious exercises (Bible reading and prayer) and also taught some Christian religious content. The regulations mandating those features were in place until the late 1980s.

Also note that Canada had an explicitly Christian definition of marriage – that is, a definition that took its inspiration from "Christendom"[4] — until 2003. That definition was ruled unconstitutional by an Ontario court

in 2003 and was formally changed by Parliament in 2005.

Not coincidentally, each of those public manifestations of Christianity were eliminated by court decisions based on Pierre Trudeau's *Charter of Rights and Freedoms*. Trudeau's Charter has been a central component in the erasure of Christianity's public presence in Canada.[5]

Historically, though, Canada was unmistakably a Christian country. Those who acknowledge that fact and who think restoring Christian influence in Canada's public square would be a good thing could qualify as "Christian nationalists."

From a conservative Christian perspective, the loss of public Christian influence in Canada has had negative consequences because Christians are now being marginalized.

In 2017, conservative Christian organizations were denied funding from the Canada Summer Jobs program because of their refusal to attest that they support "women's rights and women's reproductive rights, and the rights of gender-diverse and transgender Canadians." In other words, it was these organizations' Christian beliefs that prevented them from benefiting from the program.

The *National Post*, in objecting to this new policy, correctly explained that

THE CASE FOR CANADIAN CHRISTIAN NATIONALISM

"forcing mainstream religious institutions to either accept second-class status or fudge their fundamental beliefs is antithetical to our society's regard for freedoms of conscience and religion (as well as affronting common decency)."[6]

The precedent set here was that the federal government could deny benefits to organizations simply because their Christian beliefs conflict with progressive ideology.

In 2018, the Supreme Court of Canada ruled that the Law Society of British Columbia – acting as an agent of the provincial government – could legitimately discriminate against Trinity Western University (TWU) simply because its code of conduct (known as the Community Covenant) required students to abide by traditional Christian morality (i.e., sex only within a heterosexual marriage).

The Supreme Court condemned the Community Covenant as "degrading and disrespectful" and potentially causing "significant harm" to LGBTQ students.[7]

Derek Ross, the Executive Director of the Christian Legal Fellowship, suggests that the Supreme Court appeared to be denouncing the Christian view of marriage itself:

It is difficult to read these statements as objections to the Covenant only

— instead, members of the Court appear to be expressing a moral condemnation of TWU's religious beliefs themselves, namely, TWU's religiously based conceptions of marriage and sexuality. The objection to TWU, it seems, is based not *just* on the Covenant but, more fundamentally, on the religious beliefs it reflects. What seems to remain, then, is the suggestion that exercising a belief in traditional marriage, and manifesting that belief through community expectations, is *itself* a discriminatory act.[8]

The Supreme Court ruled that the law society's refusal to approve TWU's proposed law school was justified because it prevented "harms to LGBTQ people and to the public in general."[9]

So, according to Canada's highest court, allowing a law school to require students to live according to Christian morality would result in "harms" to the Canadian public.

This, of course, is complete and utter nonsense. TWU had been operating for decades with a Christian code of conduct and "the public in general" was not harmed in any way.

The TWU ruling is especially egregious because it set a precedent in Canadian constitutional law that governments can openly discriminate against conservative Christians.

Indeed, when the TWU decision was released, Gerald Butts, a top adviser to Justin Trudeau at the time, posted a link to the decision on Twitter with the tag "#CanadaSummerJobs."[10] He obviously considered the ruling to provide a legal basis for his own government's blatant discrimination against Christian organizations.

In Alberta, a number of private Christian schools were on the cusp of losing their funding and accreditation in 2019, if not for the election of Jason Kenney's UCP government in April that year. Rachel Notley's NDP government wanted to punish those schools because they would not adopt policies approving of the LGBTQ lifestyle.

As one Christian educational leader explained at the time, "These schools have two choices. One is they strip their schools of any faith-based perspectives in their safe and caring policies in order to satisfy the government's demands, and then they are giving up the very foundation and reason for their existence, or, two, they are shut down for their refusal to do so."[11]

Once again, a government was cracking down on Christian organizations simply because of their historic Christian beliefs. Jason Kenney deserves full credit for saving these schools from a nasty fate.

What it all shows is that with the loss of public Christian influence, Canadian society is moving in the direction of making conservative Christians into second-class citizens and imposing progressive ideology upon them. This trend will continue and may accelerate unless a countervailing force arises.

Christian nationalists in the U.S. are motivated in part by their concern over the shrinking religious liberty in their country, and conservative Christians in Canada should be concerned about the same development here.

An active Christian nationalist movement in Canada could—and should—push back against the aggressive government-backed progressive ideology that threatens our historic liberties.

ENDNOTES

1. Tom Warner, *Losing Control: Canada's Social Conservatives in the Age of Rights* (Toronto: Between the Lines, 2010), 1.

2. *Debates of the House of Commons of the Dominion of Canada.* Vol. 3, 40 Victoria, 1877. Fourth Session—Third Parliament. Ottawa, 27.

3. *Debates of the Senate of the Dominion of Canada.* Second Session—Tenth Parliament. 1906, 1130-1131.

4. *Halpern et al v. Attorney General of Canada et al.* [2003] 65 O.R. (3d), 166-167.

5. Michael Wagner. *Leaving God Behind: The Charter of Rights and Canada's Official Rejection of Christianity.* (Russell, ON: ChristianGovernance, 2012).

6. "Trudeau uses 'alternative facts' on abortion to discriminate against people of faith," *National Post,* January 19, 2018, https://nationalpost.com/opinion/np-view-trudeau-uses-alternative-facts-on-abortion-to-discriminate-against-people-of-faith.

7. Law Society of British Columbia v. Trinity Western University [2018] 2 S.C.R. 298.

8. Derek Ross, "'Intolerant and Illiberal'? Trinity Western University and its Implications for Charter Jurisprudence," *Supreme Court Law Review,* 2019, 149.

9. Law Society of British Columbia v. Trinity Western University [2018] 2 S.C.R. 352.

10. Brian Platt, "What does Trinity Western's Supreme Court loss mean for the summer jobs attestation?" *National Post,* June 19, 2018, https://nationalpost.com/news/politics/what-does-trinity-westerns-supreme-court-loss-mean-for-charter-challenges-of-the-summer-jobs-attestation.

11. Licia Corbella, "NDP's attack on religious schools violates the Charter," *Calgary Herald,* October 3, 2018, https://calgaryherald.com/news/local-news/corbella-ndps-attack-on-religious-schools-violates-the-charter.

El caso del nacionalismo cristiano canadiense

por Michael Wagner

EN LA ACTUALIDAD, el término "nacionalismo cristiano" se usa comúnmente en discusiones sobre la política estadounidense. Muchos cristianos conservadores en EE. UU. apoyaron abiertamente a Donald Trump durante su presidencia y continúan respaldando su campaña actual para ese cargo.

Los demócratas y gran parte de los medios de comunicación principales tratan de retratar dicho apoyo cristiano a Trump como peligroso. Señalan la presencia de cristianos conservadores en el motín del 6 de enero de 2021 en Washington, D.C., al que falsamente llaman "insurrección".

Estas personas peligrosas son menospreciadas como "nacionalistas cristianos" que mezclan religión y política, y por lo tanto representan una amenaza para el establecimiento político dominante y sus políticas progresistas.

Aunque no hay una definición acordada de nacionalismo cristiano, ciertos temas clave son inconfundibles: la creencia de que los Estados Unidos eran originalmente una nación cristiana y la noción de que los principios cristianos deberían influir en las políticas gubernamentales.

Pero tales puntos de vista—que un país era originalmente cristiano y que el cristianismo debería influir en el gobierno—no son únicos de EE. UU. Estos reclamos también se pueden hacer sobre Canadá.

La influencia histórica del cristianismo en la vida pública de Canadá es tan obvia que incluso algunos observadores poco simpatizantes con el cristianismo lo admiten. Por ejemplo, Tom Warner, un líder de derechos

LGBTQ en Ontario, ha escrito que "hubo un tiempo, no hace mucho, en el que los valores judeocristianos eran indiscutiblemente 'valores canadienses', cuando se aceptaba generalmente y de buen grado que el papel del estado era promover y proteger tales valores."[1]

De hecho, durante un debate en la Cámara de los Comunes en 1877, el mismo Sir John A. Macdonald se refirió a Canadá como "un país cristiano".[2]

En 1906, el Parlamento aprobó *La Ley del Día del Señor* para reflejar el cuarto mandamiento de los Diez Mandamientos del cristianismo. Durante el debate sobre esa ley, el senador James McMullen declaró que "no debemos olvidar que afirmamos ser una nación cristiana, al menos una nación que profesa el cristianismo, y como tal deberíamos respetar las leyes de Dios."[3]

La Ley del Día del Señor permaneció en vigor hasta 1985.

El cristianismo permeó la educación pública en Canadá durante varias décadas. Por ejemplo, durante gran parte del siglo XX, las escuelas públicas de Ontario realizaban ejercicios religiosos (lectura de la Biblia y oración) y también enseñaban algunos contenidos religiosos cristianos. Las regulaciones que exigían estas características estuvieron vigentes hasta finales de los años 80.

También cabe señalar que Canadá tuvo una definición explícitamente cristiana del matrimonio—es decir, una definición inspirada en la "cristiandad"[4]—hasta 2003. Esa definición fue declarada inconstitucional por un tribunal de Ontario en 2003 y fue formalmente cambiada por el Parlamento en 2005.

No es casualidad que cada una de esas manifestaciones públicas del cristianismo fuera eliminada por decisiones judiciales basadas en la *Carta de Derechos y Libertades* de Pierre Trudeau. La Carta de Trudeau ha sido un componente central en la eliminación de la presencia pública del cristianismo en Canadá.[5]

Históricamente, sin embargo, Canadá era inconfundiblemente un país cristiano. Aquellos que reconocen ese hecho y que piensan que restaurar la influencia cristiana en el espacio público de Canadá sería algo positivo podrían calificar como "nacionalistas cristianos".

Desde una perspectiva cristiana conservadora, la pérdida de la influencia cristiana pública en Canadá ha tenido consecuencias negativas porque los cristianos ahora están siendo marginados.

En 2017, organizaciones cristianas conservadoras fueron rechazadas para recibir fondos del programa Canada Summer Jobs debido a su negativa a certificar que apoyaban "los derechos de las mujeres y los derechos repro-ductivos de las mujeres, y los derechos de los canadienses diversos en género y transgénero." En otras palabras, fueron las creencias cristianas de estas organizaciones las que les impidieron beneficiarse del programa.

El *National Post*, al objetar esta nueva política, explicó correctamente que "forzar a las instituciones religio-sas principales a aceptar un estatus de segunda clase o a modificar sus creencias fundamentales es antitético al respeto de nuestra sociedad por las libertades de conciencia y religión (además de ofender la decencia común)."[6]

El precedente establecido aquí fue que el gobierno federal podía negar beneficios a organizaciones simple-mente porque sus creencias cristianas entraban en conflicto con la ideología progresista.

En 2018, la Corte Suprema de Canadá falló que la Sociedad de Derecho de Columbia Británica—actuando como agente del gobierno provincial—podía discriminar legíti-mamente contra la Universidad Trinity Western (TWU) simplemente porque su código de conducta (conocido como el Pacto Comunitario) requería que los estudiantes se ajustaran a la mora-lidad cristiana tradicional (es decir, sexo solo dentro de un matrimonio heterosexual).

La Corte Suprema condenó el Pacto Comunitario como "degra-dante e irrespetuoso" y potencialmente causante de "daño significativo" a los estudiantes LGBTQ.[7]

Derek Ross, el Director Ejecutivo del Christian Legal Fellowship, sugiere que la Corte Suprema parecía estar denunciando la visión cristiana del matrimonio en sí misma:

Es difícil leer estas declaraciones como objeciones solo al Pacto—en cambio, los miembros de la Corte pa-recen expresar una condena moral de las creencias religiosas de TWU, a sa-ber, las concepciones basadas en la re-ligión sobre el matrimonio y la sexua-lidad. La objeción a TWU, parece, se basa no *solo* en el Pacto sino, más fundamentalmente, en las creencias religiosas que refleja. Lo que parece quedar es la sugerencia de que ejercer una creencia en el matrimonio tradi-cional y manifestar esa creencia a tra-vés de expectativas comunitarias es *en sí mismo* un acto discriminatorio.[8]

La Corte Suprema dictó que la negativa de la sociedad de derecho a aprobar la propuesta de la escuela de derecho de TWU estaba justificada porque prevenía "daños a las personas LGBTQ y al público en general."[9]

Entonces, según la corte más alta de Canadá, permitir que una escuela de derecho exija que los estudiantes vivan de acuerdo con la moralidad cristiana resultaría en "daños" para el público canadiense.

Esto, por supuesto, es una completa y absoluta tontería. TWU había estado operando durante décadas con un código de conducta cristiano y "el público en general" no sufrió ningún daño.

La decisión sobre TWU es especialmente grave porque sentó un precedente en la ley constitucional canadiense de que los gobiernos pueden discriminar abiertamente contra los cristianos conservadores.

De hecho, cuando se publicó la decisión de TWU, Gerald Butts, un alto asesor de Justin Trudeau en ese momento, publicó un enlace a la decisión en Twitter con la etiqueta "#CanadaSummerJobs."[10] Obviamente consideraba que el fallo proporcionaba una base legal para la discriminación descarada de su propio gobierno contra organizaciones cristianas.

En Alberta, un número de escuelas cristianas privadas estaban al borde de perder su financiamiento y acreditación en 2019, si no fuera por la elección del gobierno de Jason Kenney en abril de ese año. El gobierno de Rachel Notley quería castigar a esas escuelas porque no adoptarían políticas que aprobaran el estilo de vida LGBTQ.

Como explicó en su momento un líder educativo cristiano, "Estas escuelas tienen dos opciones. Una es que eliminen cualquier perspectiva basada en la fe de sus políticas de seguridad y cuidado para satisfacer las demandas del gobierno, y entonces estarían renunciando a la misma base y razón de su existencia, o, dos, serán cerradas por su negativa a hacerlo."[11]

Una vez más, un gobierno estaba atacando a organizaciones cristianas simplemente debido a sus creencias cristianas históricas. Jason Kenney merece todo el crédito por salvar a estas escuelas de un destino desagradable.

Todo esto muestra que, con la pérdida de la influencia cristiana pública, la sociedad canadiense se está moviendo en la dirección de convertir a los cristianos conservadores en ciudadanos de segunda clase e imponerles la ideología progresista. Esta tendencia continuará y puede acelerarse a menos que surja una fuerza contraria.

Los nacionalistas cristianos en EE. UU. están motivados en parte por su preocupación por la disminución de la libertad religiosa en su país, y los cristianos conservadores en Canadá deberían preocuparse por el mismo desarrollo aquí.

Un movimiento nacionalista cristiano activo en Canadá podría—y debería—oponerse a la ideología progresista respaldada por el gobierno que amenaza nuestras libertades históricas.

NOTAS FINALES

1. Tom Warner, *Losing Control: Canada's Social Conservatives in the Age of Rights* (Toronto: Between the Lines, 2010), 1.

2. *Debates of the House of Commons of the Dominion of Canada*. Vol. 3, 40 Victoria, 1877. Fourth Session—Third Parliament. Ottawa, 27.

3. *Debates of the Senate of the Dominion of Canada*. Second Session—Tenth Parliament. 1906, 1130-1131.

4. *Halpern et al v. Attorney General of Canada et al*. [2003] 65 O.R. (3d), 166-167.

5. Michael Wagner. *Leaving God Behind: The Charter of Rights and Canada's Official Rejection of Christianity*. (Russell, ON: ChristianGovernance, 2012).

6. "Trudeau uses 'alternative facts' on abortion to discriminate against people of faith," *National Post*, 19 de Enero, 2018, https://nationalpost. com/opinion/np-view-trudeau-uses-alternative-facts-on-abortion-to-discriminate-against-people-of-faith.

7. Law Society of British Columbia v. Trinity Western University [2018] 2 S.C.R. 298.

8. Derek Ross, "'Intolerant and Illiberal'? Trinity Western University and its Implications for Charter Jurisprudence,"

Supreme Court Law Review, 2019, 149.

9. Law Society of British Columbia v. Trinity Western University [2018] 2 S.C.R. 352.

10. Brian Platt, "What does Trinity Western's Supreme Court loss mean for the summer jobs attestation?" *National Post*, 19 de Junio, 2018, https://nationalpost.com/news/ politics/what-does-trinity-westerns-supreme-court-loss-mean-for-charter-challenges-of-the-summer-jobs-attestation.

11. Licia Corbella, "NDP's attack on religious schools violates the Charter," *Calgary Herald*, 3 de Octubre, 2018, https://calgaryherald.com/news/local-news/corbella-ndps-attack-on-religious-schools-violates-the-charter.

AUTHORS

STEVEN R. MARTINS

Steven is founding director of the Cántaro Institute and founding pastor of Sevilla Chapel in St. Catharines, ON. He has worked in the fields of missional apologetics and church leadership for over ten years and has spoken at numerous conferences, churches, and University student events. He has also contributed articles to Coalición por el Evangelio and the Siglo XXI journal of Editorial CLIR. Steven holds a Master's degree *summa cum laude* in Theological Studies with a focus on Christian apologetics from Veritas International University (Santa Ana, CA., USA) and a Bachelor of Human Resource Management from York University (Toronto, ON., Canada). Steven is married to Cindy and they live in Lincoln, Ontario, with their children Matthias, Timothy, Nehemías, and Raquel.

P. ANDREW SANDLIN

Andrew is an ordained minister, Executive Director of the Fellowship of Mere Christianity, Faculty of Blackstone Legal Fellowship of the Alliance Defending Freedom, and De Jong Distinguished Visiting Professor of Culture and Theology, Edinburg Theological Seminary, a member of the Evangelical Theological Society, and is President of the Center for Cultural Leadership.

He founded CCL in 2001 with the conviction that only eminently-equipped cultural leaders will actually create a new Christian culture – and that only transformed Christians can transform the present anti-Christian culture of the West. Andrew was born into a devout Christian home. He has been preaching and teaching and lecturing for 30 years. A consummate eclectic, Andrew has been a pastor, assistant pastor, youth pastor, Sunday school superintendent, Christian day school administrator, home school father, foundation's executive vice president, journal editor, scholar, author and itinerant speaker. Andrew is married to Sharon and has five adult children and three grandchildren.

MICHAEL WAGNER

Michael is the Senior Alberta Columnist for the Western Standard and Alberta Report based in Edmonton, Alberta. He has a PhD in political science from the University of Alberta and has authored several books on Alberta politics and the independence movement. He has also authored books on Canada and its Christian heritage and religio-cultural development such as *Leaving God Behind: The Charter of Rights and Canada's Official Rejection of Christianity*, and *Standing On Guard For Thee: The Past, Present, and Future of Canada's Christian Right*. Michael and his wife and eleven children live in Edmonton, Alberta.

D. H. TH. VOLLENHOVEN

Vollenhoven (1892-1978) was Dooyeweerd's brother-in-law. He was a contemporary of Dooyeweerd at the Free University (1911-1914). He studied classics, philosophy and theology. His dissertation in Dutch was on the "Philosophy of mathematics from a theistic point of view." He married Dooyeweerd's sister and became a pastor in the Gereformeerde Kerk in Oostkappelle from 1918. In 1921 he became a pastor in The Hague and had many discussions with Dooyeweerd. Vollenhoven then went on to become professor of Philosophy at the Free University in Amsterdam. He developed an approach to the history of philosophy that became known as the Consistent Problem-Historical Method (CPHM).

9 781990 771804